# Märkte, Macht und Wandel

Stefan Fröhlich

# Märkte, Macht und Wandel

Deutschlands geoökonomische Zeitenwende

2. Auflage

Stefan Fröhlich
Institut für Politische Wissenschaft
Universitat Erlangen-Nürnberg
Erlangen, Deutschland

ISBN 978-3-658-47172-9     ISBN 978-3-658-47173-6 (eBook)
https://doi.org/10.1007/978-3-658-47173-6

Die Deutsche Nationalbibliothek verzeichnet diese Publikation in der Deutschen Nationalbibliografie; detaillierte bibliografische Daten sind im Internet über https://portal.dnb.de abrufbar.

© Der/die Herausgeber bzw. der/die Autor(en), exklusiv lizenziert an Springer Fachmedien Wiesbaden GmbH, ein Teil von Springer Nature 2024, 2025

Das Werk einschließlich aller seiner Teile ist urheberrechtlich geschützt. Jede Verwertung, die nicht ausdrücklich vom Urheberrechtsgesetz zugelassen ist, bedarf der vorherigen Zustimmung des Verlags. Das gilt insbesondere für Vervielfältigungen, Bearbeitungen, Übersetzungen, Mikroverfilmungen und die Einspeicherung und Verarbeitung in elektronischen Systemen.
Die Wiedergabe von allgemein beschreibenden Bezeichnungen, Marken, Unternehmensnamen etc. in diesem Werk bedeutet nicht, dass diese frei durch jede Person benutzt werden dürfen. Die Berechtigung zur Benutzung unterliegt, auch ohne gesonderten Hinweis hierzu, den Regeln des Markenrechts. Die Rechte des/der jeweiligen Zeicheninhaber*in sind zu beachten.
Der Verlag, die Autor*innen und die Herausgeber*innen gehen davon aus, dass die Angaben und Informationen in diesem Werk zum Zeitpunkt der Veröffentlichung vollständig und korrekt sind. Weder der Verlag noch die Autor*innen oder die Herausgeber*innen übernehmen, ausdrücklich oder implizit, Gewähr für den Inhalt des Werkes, etwaige Fehler oder Äußerungen. Der Verlag bleibt im Hinblick auf geografische Zuordnungen und Gebietsbezeichnungen in veröffentlichten Karten und Institutionsadressen neutral.

© Schab, Adobe Stock, 244617706

Springer ist ein Imprint der eingetragenen Gesellschaft Springer Fachmedien Wiesbaden GmbH und ist ein Teil von Springer Nature.
Die Anschrift der Gesellschaft ist: Abraham-Lincoln-Str. 46, 65189 Wiesbaden, Germany

Wenn Sie dieses Produkt entsorgen, geben Sie das Papier bitte zum Recycling.

# Warum dieses Buch – anstelle eines Vorworts

Krisen sind große Beschleuniger. Sie bringen Dinge ans Licht, die lange im Verborgenen gehalten wurden. Der russische Angriff auf die Ukraine im Februar 2022 hat viele Gewissheiten, die für Deutschland und Europa seit dem Fall der Mauer als unumstößlich galten, zum Einsturz gebracht. Seit der Wiedervereinigung haben Politiker und dem liberalen Mainstream zugehörige Akademiker wie Journalisten der deutschen Öffentlichkeit die Illusion einer Welt vorgegaukelt, in der „Wandel durch Handel", „kooperative Sicherheit", „kritischer Dialog mit allen" und „Gewaltverzicht statt glaubwürdiger Abschreckung" die Einhegung aller Konflikte und friedliche Koexistenz verhießen. Alle Visionen einer liberalen Ordnung, in der der Kant'schen Logik folgend Freihandel und offene Märkte friedensstiftend und Demokratie fördernd wirkten, konnten aber nicht darüber hinwegtäuschen, dass die neue politische Realität zeitgeschichtlich betrachtet nur wenig später eine andere war. Die Hoffnung, die Welt würde sich demokratisieren, währte nicht lange. Nach der letzten

Demokratisierungswelle Anfang der 1990er-Jahre schlug das Pendel schon bald wieder Richtung Autokratisierung insbesondere im sogenannten Globalen Süden. Laut einer Studie von Freedom House lebten 2023 nur 5 % der Menschen in Asien und 7 % der Menschen in Afrika in freien Demokratien (Freedom House 2023). Zerfallen(d)e Staaten, ethnische Konflikte, neue Sicherheitsrisiken (internationaler Terrorismus, Klimawandel, Pandemien), multinationale Unternehmen und Finanzdienstleister, die sich dem Zugriff der Staaten entzogen, hinterließen in den letzten einundeinhalb Dekaden selbst bei Bürgern in Europa und den USA das Gefühl von Unsicherheit und Kontrollverlust staatlicher Institutionen – mit den langfristigen Folgen der Zunahme populistischer Bewegungen und von Autokratisierungstendenzen in Ländern wie Polen, Ungarn oder Italien. Auf der Suche nach Gleichgesinnten wird es somit für den Westen schwieriger.

Blicken wir auf die globalen Entwicklungen des 21. Jahrhunderts, so werden die daraus erwachsenen Versäumnisse der beiden vergangenen Jahrzehnte überdeutlich: die Fehleinschätzung der Entwicklung Russlands, die Energieabhängigkeit von seinen Rohstoffen, die Illusion, sich eine eigene Chinapolitik in Abgrenzung zu den Vereinigten Staaten leisten zu können. Getragen von der Euphorie, welche die Implosion der Sowjetunion im Westen begleitete, huldigte man vor allem in Deutschland der Kultur der militärischen Zurückhaltung und einem Wirtschaftsmodell, das dem Land zwar über Jahre den Titel des Exportweltmeisters eintrug, es im Ausland aber dem Vorwurf des sicherheitspolitischen wie ökonomischen Trittbrettfahrers aussetzte.

Es ist im Nachhinein erstaunlich, wie beharrlich sich der Kontinent und das Land trotz vieler mahnender Stimmen den Realitäten einer zusehends aus den „Fugen geratenen

Welt" (Frank Walter Steinmeier) lange Zeit verweigerten. Dabei ist spätestens seit der globalen Finanzkrise 2007/8 offensichtlich, dass die Regelwerke internationaler Organisationen wie die Vereinten Nationen, der Internationale Währungsfonds (IWF) oder die Welthandelsorganisation (WTO) geopolitische Machtansprüche, Nationalismen und revisionistisches Großraumdenken nicht einhegen können und zunehmend an ihre Grenzen stoßen. Weder akzeptieren die Staaten, die von der Öffnung der Märkte seit 1989 am meisten profitierten (allen voran China), die Grundprinzipien der liberalen Ordnung, noch halten sie sich an die wenigen Regeln, die das Völkerrecht kennt, oder sind an ihrer globalen Verbreitung wirklich interessiert. Stattdessen reduzieren sie den Markt unter dem Primat der Politik auf größtmögliche Effizienz, melden eigene Ordnungsansprüche in ihren „Einflusszonen" an, gründen alternative Formate zu den vom Westen noch immer dominierten internationalen Institutionen (u. a. BRICS, Shanghaier Organisation für Zusammenarbeit (SOZ)) und entwickeln bestenfalls ein taktisch-instrumentelles Verständnis von Systemen kollektiver Sicherheit wie den Vereinten Nationen. Die vom Kanzler im Februar 2022 ausgerufene deutsche Zeitenwende, so muss man feststellen, ist somit einmal mehr eine verspätete in einer global längst stattfindenden Zeitenwende.

Diese wird von **drei großen Trends** bestimmt, die sich überlagern und wechselseitig verstärken und auf lange Sicht die Herausbildung einer stabilen globalen Ordnung verhindern werden: der bereits während des Ukraine-Konflikts 2014 ausgerufenen Rückkehr der Geopolitik im Zuge der imperialen Machtansprüche v. a. von Russland und China (Taiwan); dem Ringen der Staaten um globale Lieferketten, sichere Energiezufuhr, kritische Rohstoffe und außenwirtschaftliche Abhängigkeiten; und schließlich dem damit verbundenen Systemwettbewerb zwischen Demokratien auf der einen und den Autokratien (allen voran China und Russland) auf der anderen Seite, von Politikern wie Wissenschaftlern gerne hochstilisiert zum Ende einer drei Jahrzehnte währenden hegemonialen globalen Ordnung, die auch als „Pax Americana" beschrieben wurde. Sie werden **im ersten Teil des Buches** vorgestellt und erläutert.

Dabei ist es nach Ansicht des Verfassers eine Ironie der Geschichte, dass diese Entwicklung das Ergebnis der Globalisierung war und dass diese wiederum nur funktionierte, weil der Hegemon USA gemeinsam mit den Europäern ihre Regeln bestimmten und ihr Funktionieren garantierten. Der Wirtschaftshistoriker Charles Kindleberger und der US-Soziologe Albert Hirshmann prägten für diese Verbindung von politischer und ökonomischer Ordnung bereits in den 1970er-Jahren den Begriff des „wohlwollenden Hegemons", der dank seiner militärischen, politischen und ökonomischen Macht eine liberale Weltwirtschaftsordnung bereitstellt, von der idealerweise alle profitieren. Eine solche Welt wird es so schnell nicht wieder geben, und bei genauer Betrachtung hat es sie auch nie wirklich gegeben. Die liberale Ordnung war nie eine globale, sondern eine von der westlichen Welt dominierte, die den Rest der Welt praktisch ausschloss. Nur für einen kurzen Moment in der Geschichte, nämlich in der ersten Dekade nach dem Zusammenbruch der Sowjetunion, bestand die Hoffnung, dass diese Ordnung zu einer globalen würde. Sie zerbrach nicht zuletzt an den westlichen Ideen von humanitärer Intervention, Demokratisierung und *Regime-change*. Ebenso wenig aber wird die Pax Americana durch eine Pax Sinica ersetzt werden; dafür dürften Globalisierung und weltweite ökonomische Interdependenzen sorgen. Die Welt ist zu kompliziert geworden, das Nacheinander ist zum Zugleich rivalisierender Staaten geworden und lässt eine neue hegemoniale Ordnung nicht mehr zu.

**Der Hauptteil** widmet sich dem zentralen Thema des Bandes – dem geoökonomischen Machtkampf auf globaler Ebene und seinen Konsequenzen für Europa und die deutsche Außen- und Außenwirtschaftspolitik. Ausgangspunkt der Überlegungen ist die für viele Beobachter vor dem Hintergrund des Krieges in der Ukraine sicherlich unpopuläre These, wonach dieser bei aller Grausamkeit und katalytischen Wirkung auf die deutsche Außenpolitik ein singuläres Ereignis darstellt, welches aber keine existenzielle Bedrohung für das Land darstellt – vorausgesetzt es leistet endlich seinen überfälligen sicherheitspolitischen Beitrag zu glaubwürdiger Abschreckung in Europa. Ein Angriff auf NATO-Territorium bzw. Deutschland erscheint in diesem Fall unwahrscheinlich. Vielmehr dürfte der Krieg auf absehbare Zeit als „eingefrorener Konflikt", oder auch im Fall eines Friedensvertrags, der die Ukraine zu Gebietsabtretungen zwingt, zu einer Neujustierung der deutschen Außen- und Sicherheitspolitik ohne Russland führen, die das Land jedoch vor eine lösbare Aufgabe stellt.

Die eigentliche, viel größere strategische Herausforderung für Europa wie Deutschland stellt nach Ansicht des Verfassers der zunehmend rauer gewordene geoökonomische Machtkampf zwischen den Großmächten USA, China und der EU um Technologieführerschaft, Rohstoffe, Wasser und Energie dar. Er kann tatsächlich zu einer existenziellen Bedrohung werden und über seinen Ausgang entscheidet sich das Wohl Europas wie Deutschlands. Der geopolitischen Zeitenwende muss somit die geoökonomische Zeitenwende folgen. Sie wird für Deutschland die eigentliche Generationenaufgabe.

**Im ersten Kapitel des Hauptteils** wird der Begriff „Geoökonomie" zunächst kurz erklärt und historisch eingeordnet. Der Trend zu mehr Protektionismus, Embargos und Sanktionen bis hin zu Wirtschaftskriegen ist von jeher Grundbestandteil internationaler Politik. Erst nach Ende des Kalten Krieges aber hielt er unter dem Begriff „Geoökonomie" Einzug in die akademische Debatte. Damals beschrieb der US-amerikanische Militärstratege Edward N. Luttwak (1990) mit dieser Zäsur einen Umbruch, der die Bedeutung militärischer Mittel zur Machtausübung in internationalen Beziehungen zugunsten des gezielten Einsatzes ökonomischer Instrumente relativierte. In der Praxis allerdings verhieß die am Ende der 1980er-Jahre einsetzende Liberalisierung der Finanz- und Kapitalmärkte und die Integration von Schwellen- und Entwicklungsländern in die globalen Märkte zunächst mehr Wachstum und Wohlstand für alle. Was seither für nahezu zwei Jahrzehnte der Welt tatsächlich konstant höhere Wachstumsraten des Handels bescherte und half, einen Großteil der Menschheit aus der größten Armut zu führen, verhinderte indes nicht, dass weltweit die Ungleichheit zunahm und Globalisierungsverlierer in allen Gesellschaften zurückließ. Vor allem die weltweite Finanzkrise 2008/2009 machte auch im Westen spürbar, dass Handel und Vernetzung auch mehr Abhängigkeit und Verwundbarkeit schaffen, die genutzt werden können, um wirtschaftlichen Zwang auszuüben.

Seither haben die geoökonomischen Spannungen zugenommen und drohen sich zunehmend zu einem globalen Handelskrieg auszuweiten, mit verheerenden Konsequenzen für die Weltwirtschaft. Was aus Sicht des Westens mit Trump und Brexit begann, setzt(e) sich unter Biden's Politik des „buy American" und Chinas verstärkter Abschottungspolitik fort und fand mit der Corona-Pandemie, dem Ukraine-Krieg und der Wiederwahl Trumps in den USA seinen vorläufigen Höhepunkt. Weltweit sind Protektionismus und der Einsatz ökonomischer Instrumente zu machtpolitischen Zwecken auf dem Vormarsch. Staaten greifen zu gezielten Sanktionen im Handel mit Waren,

Dienstleistungen und dual-use-Gütern, verhängen Einreise- wie Exportbeschränkungen oder blockieren den Zugang zu Anleihen, Finanztransaktionen oder Wirtschaftshilfe. Sie überprüfen ihre Versorgung mit Nahrungsmitteln, medizinischen Produkten, Energie, kritischen Rohstoffen und Technologie. Russland und Indien beschränkten ihre Getreide-Ausfuhren bereits vor dem Ukraine-Krieg und verschärften damit die Preisvolatilität bei Agrarprodukten, Vietnam tat dasselbe mit Reis. Gleichzeitig begannen andere (Ägypten und Tunesien) die Lücke auf den Märkten zu füllen und hielten damit die eigene Wirtschaft über Wasser. Solche Entwicklungen kompensieren zunehmend die fehlenden (Macht-)Mittel multilateraler Institutionen wie die VN, der IWF oder die WTO im Umgang mit globalen Versorgungskrisen in den davon am stärksten betroffenen Weltregionen.

**Im zweiten Schritt** wird zunächst die dramatische Verschlechterung des amerikanisch-chinesischen Verhältnis als Treiber für die weltweite Zunahme geoökonomischer Machtkämpfe analysiert, bevor auf die Rolle der EU in diesem Machtkampf eingegangen wird.

Ausgangspunkt im globalen geoökonomischen Machtkampf ist die Rivalität zwischen den beiden Supermächten USA und China; sie sind die Haupttreiber dieser Entwicklung, in deren Schatten vor allem Schwellenländer, aber auch Europa insgesamt protektionistischer geworden sind. Allein während der Pandemie ist die Zahl der weltweit neu eingeführten protektionistischen Maßnahmen um fast 25 % gestiegen – ein Trend, der durch den Ukraine-Krieg sicherlich noch verstärkt wird.

In den USA machen viele China mit seiner aggressiven Außenwirtschaftspolitik dafür verantwortlich. Tatsächlich führte die Klage über unfaire chinesische Praktiken schon unter der Obama-Administration dazu, dass Washington

China regelmäßig vor das WTO-Streitschlichtungspanel zitierte und mit ersten Strafzöllen bedachte. Dass bei solchen Vorwürfen aber auch die Angst vor dem Verlust der eigenen Führungsrolle eine Rolle spielte, liegt auf der Hand. Washington betrachtet seither parteiübergreifend Chinas ökonomische wie militärische Modernisierung als größte sicherheitspolitische Herausforderung für das Land. Mittlerweile haben die amerikanische und chinesische Volkswirtschaft eine ähnliche Größenordnung, auch wenn die amerikanische bei gegebenen Wechselkursen der Währungen nach wie vor deutlich größer ist. Angesichts der über die letzten drei Jahrzehnte anhaltenden starken Wachstumsraten der chinesischen Wirtschaft wirkt jede Extrapolation allerdings bedrohlich für Washington.

Die strategische Rivalität zwischen den USA und China verfestigt sich zunehmend zu einer dauerhaften globalen Konfliktkonstellation, die sich im schlimmsten Fall auch in einer begrenzten militärischen Konfrontation zwischen den beiden Supermächten im Pazifik entladen kann, welche dramatischere Konsequenzen für die Weltwirtschaft hätte als der Krieg in der Ukraine. Sollte China Taiwan angreifen, können Europa wie Deutschland ihre ambitionierten Pläne in Richtung Klimaneutralität aufgeben. Zwar gehen bei uns dann nicht über Nacht die Lichter aus, wie manche Pessimisten gar meinen, aber in zentralen Sektoren werden Rohstoffe, Eisen und Stahl, sowie Laptops und Smartphones fehlen und man darf bezweifeln, dass in einem solchen Fall Sanktionen etwas bewirken, geschweige denn, ob man zu ihnen überhaupt fähig wäre.

Gleichzeitig leistet der geoökonomische Machtkampf zwischen den beiden Schwergewichten einer stärkeren Konzentration des internationalen Handels Vorschub und schadet der Zusammenarbeit. Auch wenn dieser Trend bereits seit 2008 erkennbar ist, zeigen die aktuellen Diskussionen über eine größere Diversifizierung von Lieferketten und größere Autarkie doch, dass er sich mit der Pandemie und dem Ukraine-Krieg nochmals verstärkt hat. Zwar findet der Welthandel zum überwiegenden Teil nach wie vor auf globalen Märkten statt, etwa 40 % davon aber wird in Märkten mit einer hohen Konzentration abgewickelt, in denen sich Länder auf gerade mal zwei-drei Lieferanten stützen (McKinsey Global Institute 2022).

Damit sind wir bei der einer zentralen Entwicklung für die Weltwirtschaft. Mit dem Einsatz ökonomischer Instrumente zu (geo)politischen Zwecken ist das Ende der Globalisierung nicht gekommen, allenfalls hat der Prozess sich verlangsamt. Auffällig, wenngleich aber wenig beachtet, ist die zunehmende Konzentration bzw. stärkere Regionalisierung der Handelsströme um die drei Kraftzentren der Weltwirtschaft herum: für die USA haben die Amerikas, für China der asiatisch-pazifische Raum und für die EU der Handel der Mitgliedstaaten untereinander jeweils bei weitem den größten Anteil an ihrem Außenhandel. Die meisten Akademiker, Praktiker und an der internalen Politik interessierten Bürger lassen sich von der medialen Fixierung auf die wechselseitigen Abhängigkeiten und die Bedeutung der drei großen Handelsriesen USA, China und Europa für die Weltwirtschaft blenden – auch daher ihre Sorge, auf Konfrontationskurs mit Peking zu gehen. Sie übersehen dabei, dass der Umfang des US-Handels mit Kanada und Mexiko mit einem Anteil an den US-Gesamtexporten von mehr als 30 % um ein Vierfaches höher liegt als der mit China (2021, 8,6 %). Selbst beim Import erreicht China als zwar wichtigstes Importland der USA mit einem Anteil von 18,5 % nicht annähernd den Umfang des Handelsvolumens mit Kanada und Mexiko. Ein ähnliches Bild ergibt sich für China, dessen Handelsanteile im asiatisch-pazifischen Raum (Hongkong, Japan,

Südkorea und Taiwan) mit mehr als 25 % mittlerweile doppelt so groß sind wie der mit den USA (12,5 %). Allein Taiwan kommt auf ein ähnliches Handelsvolumen mit China wie mit Deutschland (jeweils rund 4 %). Und auch für die EU erfolgt zwar ein Drittel des Handels mit den USA und China, auf Ebene der Mitgliedstaaten aber überwiegt deutlich der Handel innerhalb der EU. Für Deutschland allein beträgt der Anteil der Exporte in die EU seit Jahren konstant mehr als 50 % am gesamten deutschen Exportvolumen.

Verstärkt wird dieser Trend spätestens seit Covid durch weltweit zunehmende Boykottaufrufe gegenüber dem Ausland auf nationalstaatlicher Ebene. Einmal mehr nimmt die Wirtschaft dabei eine Entwicklung vorweg, der die Politik viel zu langsam folgt. Längst haben global agierende Unternehmen auch hierzulande damit begonnen, globale Lieferketten zu verkürzen („near-shoring") und die Produktion in „vertrauenswürdige" Länder zu verlagern („friend-shoring") oder gar „nach Hause" zu holen („reshoring"). Bereits vor Ausbruch des Ukrainekrieges gaben etwa 10 % der deutschen Unternehmen in einer Befragung an, dass sie beabsichtigen, in Zukunft mehr Vorprodukte und Materialien aus dem heimischen oder EU-Raum zu beziehen und damit ihre Lieferketten zu verkürzen (Flach et al. 2021).

Lange Zeit der Entwicklung hinterherlaufend und dem Vorwurf aus Expertenkreisen ausgesetzt, Europa verpasse den Anschluss und drohe im geoökonomischen Machtkampf zwischen den USA und China auf der Strecke zu bleiben, verfolgt mittlerweile auch die EU-Kommission eine aggressivere Außenwirtschaftspolitik, die auch Deutschland unter Druck setzt. Nachdem europäische wie deutsche Unternehmen jahrzehntelang Rekordumsätze auf dem chinesischen Markt erzielten, nunmehr aber nicht zuletzt aufgrund der chinesischen Abschottungspolitik Marktanteile verlieren, dämmert es vielen in Brüssel ganz offensichtlich; dabei macht Peking schon seit Jahren keinen Hehl aus seinen Welteroberungsplänen. Ziel in Brüssel ist es jetzt, das Risiko einer zu großen Abhängigkeit zu mindern („de-risking"), ohne sich ganz von China abzukoppeln. Dabei zeigt eine Reihe von Vorschlägen der beiden vergangenen Jahre, dass Brüssel gewillt ist, sein eigenes geoökonomisches Potenzial stärker zu nutzen und vom Spielball zum Akteur in diesem Machtkampf zu avancieren.

**Im dritten Kapitel** des Hauptteils wendet sich der Verfasser der Frage zu, wie Deutschland mit diesen Herausforderungen umgehen muss. Als ein Land, das wie kaum ein anderes weltweit vom internationalen Handel abhängig ist und deshalb auf die Einhaltung der Prinzipien der Offenheit und Nachhaltigkeit pocht, kann sich Deutschland, so die vorherrschende Meinung unter Ökonomen wie Politikern, eine Entkopplung von den globalen Absatzmärkten nicht leisten. Das mag vom Prinzip her durchaus stimmen, heißt aber nicht, dass es keinen Ausweg aus den Abhängigkeiten von China und anderen Systemveränderern gibt; auch im Fall von Russland hat sich dies bis vor einem Jahr kaum einer in diesem Land vorstellen können. Und schon gar nicht kann ein solches Totschlagargument bedeuten, einfach weiterzumachen wie bisher und Außenwirtschaftspolitik vor allem unter kommerziellen Vorzeichen zu betreiben.

Ja, es stimmt, Deutschland ist stärker in globale Wirtschaftsketten eigebunden als die meisten anderen großen Industrienationen. 60 % unserer Wertschöpfung, so rechnet das Ifo-Institut vor, hängt von der Nachfrage im Ausland ab, und eine ebenso wichtige Rolle spielt der Import von Vorleistungen für unsere Wettbewerbsfähigkeit. Vor diesem Hintergrund lässt sich Globalisierung nicht so ohne weiteres rückabwickeln. Dennoch kann das Argument eines damit drohenden Einbruchs des deutschen BIPs um 10 % ebenso wenig überzeugen wie die Warnung, ein Rückzug aus internationalen Produktionsnetzwerken bedeute nicht unbedingt weniger störanfällige Produktionsprozesse im Inland.

Mit Ausnahme einiger Republikaner in den USA redet keiner von einer wirtschaftlichen Abkopplung oder Europäisierung von Lieferketten in dieser Form. Es geht vielmehr darum, den verhängnisvollen Trend zu einer Konzentration der Abhängigkeiten abzumildern, indem man solche identifiziert und gezielt verringert. Genau dies tun deutsche Unternehmen bereits seit einigen Jahren. Das gleiche „entweder, oder"-Argument hört man leider auch von einigen Ökonomen wie Politikern im Zusammenhang mit den Plänen der EU-Kommission für eine stärkere europäische Industriepolitik. Sie warnen vor derartiger politischer Planung und verweisen auf die Lehrbuchbinse, wonach Unternehmen ihre komparativen Kostenvorteile über den Markt erzielen. Heißt das, wir blenden die geopolitischen Konflikte und damit für uns verbundenen Risiken einfach in der Hoffnung aus, irgendwie wird uns der chinesische Absatzmarkt schon erhalten bleiben? Was bedeutet Pekings Initiative „Made in China 2025" anderes als die Absicht einer größeren Unabhängigkeit vom Westen, wenn chinesische Produzenten künftig in der Lage sein sollen, 70 % von „Kernkompetenzen und Werkstoffen" selbst herzustellen? Was passiert, wenn aus der „Friedensdividende", von der Deutschland offenbar meinte, es könnte ewig von ihr leben, die „Kriegsdividende" der Autokratien wird? Es ist erstaunlich, wie in einem Land, dessen Wirtschaftsmodell bekanntermaßen gegen Monopole ist, einige es offenbar kaum erwähnenswert finden, dass sich die politische Führung in China beispielsweise gerade erst im Januar 2022, unmittelbar vor Kriegsausbruch in der Ukraine, den staatlichen Zugriff auf mehr als 60 % der Seltenen Erden sicherte.

Vor diesem Hintergrund muss sich Deutschland an die geoökonomischen Herausforderungen anpassen und eine aktivere und geografisch breiter aufgestellte Handels- und Wirtschaftspolitik betreiben. Es muss *erstens* den mit Exporten und Direktinvestitionen verbundenen weiteren

Transfer von technischem Wissen an *einheimische* Unternehmen in autokratischen Systemen verhindern, wo diese sich nicht an die Regeln des globalen Handelsregimes halten. Das liegt eigentlich auch im Unternehmensinteresse, sollte aber zumindest nicht noch durch Investitions- und Exportkreditgarantien für einzelne Unternehmen und ganze Branchen, Hermes-Bürgschaften für Auslandsprojekte oder gar die Rettung durch den Steuerzahler seitens der Politik erleichtert werden.

*Zweitens* müssen heimische Investitionen in Spitzentechnologien und kritische Infrastruktur erleichtert und gleichzeitig die Ansiedlung unliebsamer Investoren in Deutschland unterbunden werden, wo diese wie etwa im Fall des Vordringens von Huawei in die kritische Telefoninfrastruktur sicherheitspolitische Interessen des Landes tangieren. Man muss dabei nicht gleich im Detail der französischen Logik folgen, aber um eine aktive Industriepolitik kommt auch Deutschland nicht herum. Es sei daran erinnert, dass auch die dominierende Volkswirtschaft der Welt, die USA, in der der Vergangenheit trotz anderslautender Rhetorik vom schlanken Staat immer klassische Industriepolitik betrieben haben, indem sie Forschungs- und Entwicklungsaufträge aus dem Pentagon heraus vergaben und bis in die 1960er-Jahre hinein fast die komplette Mikrochipproduktion kauften, die später auch die Erfolgsgeschichte des Silicon Valley ermöglichte.

Und Deutschland muss *drittens* der großen Abhängigkeit von wichtigen Rohstoffen, die sich das Land, anders als andere Industrieländer, vor allem durch möglichst billige Käufe auf dem Weltmarkt, nicht aber durch eigene Direktinvestitionen im Rohstoffsektor gesichert hat, durch mehr Diversifizierung eigener vor- und nachgelagerter Wertschöpfungsketten und Konnektivität vorbeugen. Für alle diese Herausforderungen braucht es nicht nur eine Neudefinition der deutschen Rolle in der Welt, sondern vor allem Partner, in Europa wie außerhalb Europas.

Handlungsleitend müssen deshalb nach Ansicht des Verfassers zwei Grundsätze sein: Erstens, für die deutsche Sicherheit wie Wirtschaft ist der europäische Binnenmarkt der Hebel, um im geoökonomischen Machtkampf zwischen den USA und China zu bestehen. Deutschland ist für beide Großmächte ein wichtiger Handelspartner. Nur über Europa aber kann es sein Gewicht in die Waagschale werfen, solange vor allem China, gemessen an der Wertschöpfung, ähnlich abhängig von Europa ist wie andersherum. Zweitens, eine Fortsetzung der Äquidistanzpolitik gegenüber den USA und China, wie sie eigentlich bereits seit der globalen Finanzkrise betrieben, dann aber vor allem durch die ersten Trump-Jahre noch verstärkt wurde, kann sich Deutschland genauso wenig leisten wie Europa die vorläufige Illusion einer strategischen Autonomie. Beide müssen differenzieren zwischen dem Subventionsweltmeister aus dem Osten, der offiziell zwar vorgibt, internationale Regeln und die Grundprinzipien des Völkerrechts einzuhalten, deren Geist aber ständig verletzt, auf der einen und dem wichtigsten Verbündeten auf der anderen Seite, auch wenn die Zukunft der amerikanischen Demokratie und damit der transatlantischen Allianz mit der Rückkehr Trumps gefährdeter denn je ist. Der Spagat einer Äquidistanzpolitik funktioniert zumal in einer Welt nicht, in der sich ökonomische wie sicherheitspolitische Interessen zunehmend überlagern. Wo Regeln verletzt werden, sollte ihre Einhaltung im Sinne der Reziprozität und Gleichbehandlung eingefordert werden – das wird mit höheren Kosten verbunden sein, liegt aber nicht zuletzt im Interesse der eigenen Glaubwürdigkeit.

Das Buch ist als Beitrag zur öffentlichen Debatte in Deutschland gedacht und konzipiert. Es wendet sich vor allem an die interessierte Öffentlichkeit und nicht an die Fachwelt. Während das Thema Ukraine die Menschen im Lande bewegt und ein größeres Interesse an außen- und sicherheitspolitischen Themen befördert hat, gehen die globalen wirtschaftspolitischen Themen und Debatten an den meisten vorbei und werden vorwiegend von Ökonomen und Wirtschaftshistorikern geführt. Anders als während der Eurokrise, deren Zusammenhänge die Gesellschaft insgesamt eher überforderte, haben die Fragen von Lieferketten, Rohstoffsicherung und technologischem Wandel zwar mittlerweile auch Presse und Medien erreicht, für die meisten aber erschließt sich die Notwendigkeit von einem damit verbundenen Paradigmenwechsel in der deutschen Außen- und Außenwirtschaftspolitik nach wie vor unzureichend. Dies gilt insbesondere für die zunehmende Bedeutung des Einsatzes ökonomischer Mittel zur Durchsetzung (macht)politischer Interessen – sprich die neue „Geoökonomie". Das Buch möchte die um diesen Begriff kursierenden wissenschaftlichen Erkenntnisse und Debatten ordnen und in eine Sprache übersetzen, die „jeder versteht". Und es sieht sich als Beitrag eines Politikwissenschaftlers mit wirtschaftswissenschaftlichem Hintergrund zu vorwiegend von Ökonomen geführten Debatten, der das (sicherheits-)politische Element von globalen Wirtschaftsfragen im 21 Jahrhundert in Erinnerung ruft. In einer Welt, da beides nicht voneinander zu trennen ist, führt dies hoffentlich zu Kontroversen über zugespitzte Thesen und Argumente.

# Inhaltsverzeichnis

1 **Die globale Zeitenwende hat längst
   stattgefunden** 1
   Europas spätes Erwachen 2
   Das Ende der deutschen Illusionen 4

2 **Der Beginn des post-Amerikanischen Zeitalters** 11
   Die Rückkehr der Großmächtepolitik 12
   Zur Zukunft der Globalisierung 20
   Der Systemwettbewerb und die Veränderung der
   globalen Machtverhältnisse 23

3 **Die geoökonomischen Karten der Zukunft** 31
   Die Bedeutung der Geoökonomie 33
   Der amerikanisch-chinesische Handelskrieg 37
   Die Verschiebung des Welthandels in Richtung
   Globaler Süden 54
   Im Schatten der Supermächte – Europas
   Dilemmata 60

Vom „*Brüssel-Effekt*" zu „*de-risking*" 68
„Global Gateway" und die Suche nach
strategischen Partnern 83

**4 Deutschlands bisheriges Wirtschaftsmodell
auf dem Prüfstand** 93
Zwischen Technologiesicherung,
Diversifizierung und Konnektivität 101
Eine neue China-Strategie 108
Europa als Hebel, die USA als Verbündeter 113

**5 Vom Ende der westlichen Selbstgefälligkeit** 129

**Literatur** 141

# 1

# Die globale Zeitenwende hat längst stattgefunden

Die Welt hat sich in den beiden letzten Dekaden radikal gewandelt und stellt Deutschland wie Europa vor existenzielle Herausforderungen. Seit der globalen Finanz- und Wirtschaftskrise 2008 befindet sich der Kontinent im dauerhaften Krisenmodus. Populismus und Nationalismus, Brexit und scheinbar unüberbrückbare Differenzen in Fragen der Migration, Klimaschutzpolitik und Energiesicherheit, der Reform der Eurozone und der Verbesserung der europäischen Wettbewerbsfähigkeit auf den Weltmärkten gefährden den Zusammenhalt der Union im Innern. Nicht erst seit dem Ukrainekrieg spüren immer mehr Menschen in den EU-Mitgliedsländern und in den USA die negativen Auswirkungen der Globalisierung oder Künstlichen Intelligenz durch Jobverluste, empfinden die Demokratie als fragil und machen sich Sorgen um die Zukunft der Gesundheits- und Rentensysteme aufgrund der demografischen Entwicklung. Die private wie öffentliche Verschuldung ist hoch wie nie. Steigende Zinsen zur Bekämpfung der Infla-

© Der/die Autor(en), exklusiv lizenziert an Springer Fachmedien
Wiesbaden GmbH, ein Teil von Springer Nature 2025
S. Fröhlich, *Märkte, Macht und Wandel*,
https://doi.org/10.1007/978-3-658-47173-6_1

tion bergen mehr denn je das Risiko, dass Schattenbanken, sogenannte Zombie-Unternehmen und staatliche Institutionen bankrott gehen. Gleichzeitig wächst der Druck von außen durch das diktatorische Russland und ein totalitäres China, Kriege im Nahen und Mittleren Osten und nicht zuletzt die bevorstehende abermalige Bewährungsprobe im transatlantischen Verhältnis in Folge der Rückkehr Trumps.

Mit Russlands Angriffskrieg gegen die Ukraine, unzweifelhaft die größte historische Zäsur in den internationalen Beziehungen seit dem Fall der Berliner Mauer, findet diese Entwicklung ihren traurigen Höhepunkt. Mit ihm hat Europas außenpolitisches Koordinatensystem, die institutionelle Verankerung im westlichen Bündnis unter dem Schutz der USA, unter Biden zwar vorübergehend eine erstaunliche Wiederbelebung erfahren, von der aber kaum absehbar ist, ob sie unter Trump anhalten wird. Mit ihm und mit den Entwicklungen im Cyberspace sehen Krisenpropheten wie der bekannte Ökonom Nouriel Roubini den Dritten Weltkrieg bereits im Gange (Roubini 2022). Dies mag allzu düster klingen, feststeht aber, dass Putins Verletzung der grundlegenden Prinzipien und Regeln des Völkerrechts die liberale Ordnung in bisher ungekannter Weise herausfordert. Der Einmarsch in die Ukraine ist in erster Linie ein Angriff auf Demokratie und Liberalität, die von der Ukraine aus auf Russland überzugreifen droh(t)en und gegen die sich das Regime in Moskau mit aller Macht stemmt. Deutschland wie Europa sind somit nicht nur sicherheitspolitisch bedroht, sondern auch die Grundfeste ihrer politischen Ordnung stehen auf dem Spiel.

## Europas spätes Erwachen

Trotz unbestrittener Fortschritte auf dem Weg zu mehr außen- und sicherheitspolitischer Souveränität hat die Europäische Union die neuen geopolitischen Realitäten lange Zeit unterschätzt und sich in einer Welt eingerichtet, von der sie glaubte, alle würden ihr auf dem Weg in eine regelbasierte internationale Ordnung folgen (Risse 2022). Integration, Multilateralismus, Freihandel, Menschenrechte, Entwicklung und friedliche Zusammenarbeit lauten die Eckpfeiler eines als „Zivilmacht" verstandenen Rollenkonzepts, in dem militärische Macht allenfalls als *ultima ratio* fungierte und das die Europäische Union wie Berlin gleichermaßen zur außenpolitischen Staatsräson erhoben. Vor allem die Bundesrepublik fühlte sich wohl mit dieser Selbstbeschreibung, lenkte sie doch von solchen Rollenkonzepten ab, die das Land vor allem als eigennützigen Exportweltmeister und sicherheitspolitischen Trittbrettfahrer verorteten. Allemal schien die normative Idee einer Zivilisierung der internationalen Beziehungen durch vor allem nicht-militärische Mittel attraktiver. Und war sie aus deutscher Sicht historisch gesehen nicht auch plausibler?

Nach dem friedlichen Zusammenbruch der Sowjetunion beschrieb Fukuyamas „Ende der Geschichte", der Triumph des Westens über die Sowjetideologie, doch nichts anderes als die Erfolgsgeschichte der Bunderepublik. Waren die USA, waren vor allem Europa und Deutschland damit nicht zur Norm für den Rest der Welt geworden? Oder, wie Ivan Krastev dies in einem Interview über die Deutschen so treffend formulierte: „Die deutsche Welt war so, wie die Deutschen sich und die anderen sahen". Eine Welt auf dem Weg in das, was deutsche Intellektuelle gerne als postimperiales oder postheroisches Zeitalter bezeichneten. Die Zahl der Demokratien hatte weltweit zugenommen, immer mehr Länder drängten in die EU und die NATO. Russland und China waren noch weit davon entfernt, die Hegemonie des Westens militärisch wie ökonomisch herausfordern zu können. Ein nie dagewesener globaler Verflechtungsgrad der Volkswirtschaften, zunehmende Verrechtlichung und Verdichtung internationaler Zusammenarbeit ließen die

Bundesrepublik unter all ihren Kanzlern seit der Wiedervereinigung an die Alternativlosigkeit der liberalen Ordnung glauben.

Übersehen hat man dabei, dass viele vermeintliche Integrationsfortschritte Europas das Gegenteil bewirkt haben, dass Globalisierung zwar ökonomische Effizienzgewinne bescherte, aber keinesfalls die erhoffte politische Befriedung der Welt durch mehr Interdependenz, wie sie Kant in seiner Abhandlung „Zum ewigen Frieden" verheißen hatte. Und dass Europa nur zum seit Jahren geforderten global player werden kann, wenn es selbst krisensicher ist und Sicherheitspolitik nicht auslagert. Europas, Deutschlands Hybris bestand vor allem in den beiden letzten Dekaden in der Annahme, dass sich seine wirtschaftlichen und politischen Eliten das Integrationsprojekt als einen linearen Prozess vorstellten, der Rückschritte nicht kannte. Und in der Überzeugung, dass seine Bürger dieses Narrativ teilten. Dies schien tatsächlich so lange zuzutreffen, wie diese vor allem über das Binnenmarktprojekt den ökonomischen Nutzen vertiefter Integration spürten. Die Idee versagte aber in dem Moment, da sich der Mehrwert der politischen Vertiefung des Integrationsprojekts Europas Bürgern nicht mehr erschloss.

## Das Ende der deutschen Illusionen

Dass Deutschlands Wunschwelt dabei nur unter dem Schutzschirm der Hegemonialmacht USA gedeihen konnte, gehörte zu den unverrückbaren Selbstgewissheiten, die man sich bei aller Amerikakritik glaubte leisten zu können. Die Idee, dass „Sicherheit durch Gewaltverzicht und ‚kritischen Dialog' mit Andersdenkenden" grundsätzlich möglich ist, gehörte seit 1989 zu den Axiomen deutscher Außenpolitik. Der unbedingte Glaube an diese Axiome war Ausdruck

## 1 Die globale Zeitenwende hat längst ...

einer Identität, die man nach dem Zweiten Weltkrieg geschaffen hatte und auf die man stolz war. Diese Idee wurde sinnstiftend auch für den europäischen Exzeptionalismus, und wenn es vor allem nach den Deutschen ging, sollte sie auch sinnstiftend für den Rest der Welt werden. Nur so konnte man den bereits unter der Clinton-Administration erhobenen Vorwurf des Trittbrettfahrers, der sich bequem in dieser vermeintlich stabilen und friedlichen Ordnung einrichtete und dabei auf den sicherheitspolitischen Schutzschirm Washingtons verließ, immer wieder an sich abprallen lassen. Und nur so konnte man gleichzeitig darüber hinwegsehen, dass die meisten der Nachfolgestaaten der Sowjetunion nach anfänglichen Wahlerfolgen moderater Kräfte schon bald zu autokratischen Herrschaftsformen zurückkehrten und der Nahe Osten nach dem nur kurz währenden Arabischen Frühling 2011 erneut in Chaos versank.

Als ebenso naiv entpuppt(e) sich zweite Gewissheit, dass „Wandel durch Handel" so etwas wie ein Naturgesetz sei, dem alle Staaten in der Welt folgten. Wohlstand und eine funktionierende Marktwirtschaft müssen auf umkämpften globalen Märkten verteidigt werden. Der Krieg in der Ukraine offenbart auch eine geoökonomische Komponente. Die Antwort auf Russlands Aggression durch China und Indien ist nicht frei von geradezu zynischen Reflexen, bedenkt man, dass sich Moskaus strategisches Kalkül bei der Invasion nachweislich auf der erwarteten strategischen und ökonomischen Unterstützung beider gründete. Insofern bedeutet v. a. die strategische Ambivalenz Chinas schon jetzt eine mögliche Bedrohung Europas wie Deutschlands, auf die man im Ernstfall mit einer geoökonomischen Eindämmung (Sanktionen) an der Seite der USA reagieren müsste. Im schlimmsten Fall könnte Peking selbst eine beschleunigte Abkopplung von den westlichen Märkten und dem globalen Finanzsystem anstreben. Auch wenn dies unwahrscheinlich scheint, sollte man sich nicht darauf verlassen, dass Peking die damit verbundene Belastung der eigenen Wirtschaft nicht als vertretbaren Preis wertete, dafür eigene strategische Interessen unabhängiger verfolgen zu können. Deutschland braucht daher auch eine Außenhandelspolitik, die mit einer Aufgabe der „Politik der Anbiederung" (Geinitz 2022) im Umgang mit China beginnt und bei einer pragmatischeren Ressourcen- und Energieversorgungspolitik aufhört.

Der Krieg in der Ukraine offenbart die Fehler einer ausschließlich an einer möglichst billigen Versorgung und den Prinzipien der Nachhaltigkeit orientierten Energiepolitik Europas, die spätestens mit der Annexion der Krim 2014 aus einseitigen Abhängigkeiten hätte herausgelöst werden müssen. Energiesicherheitsengpässe und daraus resultierende Preissteigerungen werden die Spannungen zwischen Petro-Staaten und Konsumentenstaaten (in Europa), die den Weg in erneuerbare Energien beschleunigen wollen, auch ohne Russlands Zutun weiter verschärfen. Vorübergehend werden Erstere von dieser Entwicklung profitieren und ihre Kassen mit weiteren Devisenreserven füllen, mittelfristig werden Letztere durch das Setzen von Standards in Technologie, Digitalisierung, Komponentenförderung, Infrastruktur und Ausrüstung wohl die strategische Oberhand gewinnen. Zusätzlich verschärft wird die Ausgangslage gerade für Konsumentenstaaten auf absehbare Zeit an der Rohstofffront, wo Staaten wie China in Besitz der wichtigsten seltenen Erden und kritischen Mineralien sind und damit die globalen Lieferketten kontrollieren (Hamilton 2023). Für Europa spielen die Wertschöpfungsverflechtungen mit China in den Bereichen Elektrotechnik, Textilien und Elektrische Ausrüstungen eine existenzielle Rolle.

Unmittelbar erhöht sich der Druck in Europa vor allem auf Deutschland, seine Abhängigkeit von Russland zu überwinden und den (europäischen) Energiemix so breit und

**1 Die globale Zeitenwende hat längst ...**

diversifiziert wie möglich aufzustellen. Das wird nicht über Nacht geschehen, indem v. a. langfristige Kooperationen und Lieferverträge mit Partnerstaaten aus dem Nahen und Mittleren Osten, der Herkunftsregion fossiler Brennstoffe, geschlossen werden – neben den Golfmonarchien insbesondere Ägypten, Algerien und Aserbaidschan (Engelkes und Schulz 2022); auch dies schafft Abhängigkeiten und ist außerdem mit Schwierigkeiten hinsichtlich der Transport- und Infrastrukturvoraussetzungen verbunden. Und so richtig es deswegen ist, gleichzeitig den Wandel in Richtung Solar- und Windenergie sowie grünen Wasserstoff noch zu forcieren, so sehr muss sich Deutschland darauf einstellen, dass in einer wenigstens noch zwei Jahrzehnte währenden Übergangsphase fossile Abhängigkeiten weiter bestehen bleiben und daher vielleicht auch das Undenkbare (vorübergehende Reaktivierung von Kernenergie wie Kohle) gedacht werden muss.

Die viel größere Herausforderung aber steht Europa, steht vor allem Berlin mit seiner Abhängigkeit von China ins Haus. Kernelement von Chinas Politik der ökonomischen, technologischen und infrastrukturellen Expansion ist die gezielte Übernahme innovativer Technologieunternehmen und Branchen in mittelständisch geprägten Zielländern wie Deutschland. Eine Abkopplung wird es für eine Exportnation wie Deutschland nicht geben können. Vor einer solchen schrecken mehrheitlich sogar die Amerikaner zurück. Dennoch dürfen die Fehler im Umgang mit Russland im Fall Chinas nicht wiederholt werden – auch wenn die Abhängigkeiten zumindest in bestimmten Bereichen bereits viel zu groß sind. Zumindest zweierlei aber sollte Berlin in seiner künftigen Chinapolitik bedenken: Eine strategische Positionierung zugunsten der USA ist unausweichlich, sollte es nicht zu einer Umkehr des derzeitigen Kurses in Peking kommen. Und die bisherige Praxis der stillschweigenden Gleichsetzung von Unternehmens-

und nationalen Interessen ist problematisch, wenn die Politik die Sicherheit und Unabhängigkeit des Landes hinter wirtschaftlichen Profit mit dem Argument stellt, sich nicht in unternehmerische Entscheidungen einmischen zu wollen.

Die Berliner Zeitenwende findet somit im Grunde inmitten einer längst offensichtlich gewordenen globalen Zeitenwende statt. Sie kommt wie so mancher groß angekündigte außenpolitische Paradigmenwechsel des Landes in der jüngsten Vergangenheit eigentlich reichlich spät und unterstreicht die bekannten Reflexe der selbstbezogenen, abwartenden und nur unter Druck handelnden Führungsmacht in Europa. Wie kein anderes Land hat sich Deutschland seit der Wiedervereinigung an immerwährenden Fortschritt im Zentrum Europas gewöhnt und als größter ökonomischer Profiteur an die Vorzüge der Globalisierung geglaubt. Der Vorrang des Ökonomischen war schon immer Grundlage der Bundesrepublik und auch im 21 Jahrhundert glaubten Politiker wie Bürger dieses Landes daran, dass seine Zukunft im ökonomisch-ökologischen Fortschritt liege.

Hoffnungen der Nachbarn, dass das Land sich diesmal endgültig der Realität einer multipolaren Welt stellen werde und die ihm zugedachte Führungsrolle annimmt, gründen nicht zuletzt in der geografischen Nähe des Ukraine-Kriegs. Der Soziologe Andreas Reckwitz hat in diesem Zusammenhang treffend von dem Gefühl der „politischen Regression" gesprochen und damit den Rückschritt in einen in der bundesdeutschen Gesellschaft längst verdrängten politischen Zustand gemeint – einen Angriffskrieg mitten in Europa, praktisch um die Ecke, der die europäische Friedensordnung bedroht. Plötzlich wird deutlich, dass staatliche Handlungsfähigkeit auch im 21 Jahrhundert unverändert eine Funktion durchsetzbarer, oftmals militärischer Macht sein kann.

## 1 Die globale Zeitenwende hat längst ...

Zur gegenwärtigen Verunsicherung und Angst des Landes trägt schließlich bei, dass dieser Krieg die Abhängigkeiten und Voraussetzungen unserer Lebensform so sichtbar macht. Die Energieabhängigkeit von russischen Rohstoffen führt wie die Lieferkettenengpässe im Zusammenhang mit der Corona-Krise vor Augen, wie begrenzt Entscheidungsmöglichkeiten von Politik und Unternehmen in einer offenen Weltwirtschaft sind und wie rasch sich im politischen Handeln der Regierungen ein reaktives Grundmuster verfestigt hat. Verstärkt wird diese Angst durch zwei weitere Faktoren: zum einen das damit verbundene Gefühl des sozialen Abstiegs bis in die Mittelklasse hinein, wo der Glaube an das klassische gesellschaftliche Credo vom weiteren Aufstieg durch Investition in Bildung, Arbeit und Immobilienbesitz längst fragil geworden ist. Zum anderen die bittere Erkenntnis, dass Klimawandel und Naturkatastrophen kaum mehr in den Griff zu bekommen sind. Wie wir künftig leben, wie wir uns fortbewegen und was wir konsumieren, hat nach Einschätzung von Klimaforschern selbst bei größten Anstrengungen hierzulande kaum noch Auswirkungen auf das magische 1,5-Ziel bei der Erderwärmung. Selbst bei größtem Verzicht halten sie die Zahl im globalen Maßstab für nicht erreichbar. Gleiches gilt für die beim letztjährigen Klimagipfel in Baku einmal mehr angekündigten Versprechungen zur angeblichen Klimaneutralität, dem Ziel, bis zur Jahrhundertmitte nicht mehr klimaschädliche Emissionen zuzulassen, als der Atmosphäre wieder entnommen werden. Schon jetzt zeigen Daten, dass das Ziel nach Verkündung bereits wieder Makulatur ist. Warum also auf lieb gewonnene Gewohnheiten auf Dauer verzichten? Warum nicht denen auf der anderen Seite des Spektrums folgen, die unerschütterlich daran glauben, dass die Welt auch bei einer Erwärmung oberhalb von 1,5 Grad schon nicht untergehen wird – auch wenn mit jeder Nachkommastelle die

Risiken schwerer Klimaschäden steigen. Zusammengenommen brauen sich diese Herausforderungen zu immer größeren Verlustängsten in unseren Gesellschaften zusammen, wie wir sie wohl seit 1945 nicht mehr erlebt haben. Friedenssicherung im 21. Jahrhundert bedeutet daher mehr als nur die Abwehr von militärischen Bedrohungen durch revisionistische Autokratien von außen. Sie bedeutet Verhinderung und Vorbeugung von globalen Störanfälligkeiten für die eigene Wirtschaft, die den Zusammenhalt der Gesellschaften gefährden, Populisten Vorschub leisten und Wohlstandsgewinne noch ungleicher verteilen. Und sie bedeutet, die industriellen Kapazitäten in zentralen Technologiebereichen aufzubauen und die Widerstandsfähigkeit gegen globale Erschütterungen wie die Pandemie oder Klimaerwärmung zu erhöhen.

# 2

# Der Beginn des post-Amerikanischen Zeitalters

Europa wie Deutschland stehen an einer Wendemarke. Dabei ist eigentlich schon seit der globalen Finanzkrise 2007/2008 offensichtlich, dass starke internationale Organisationen und die wenigen Regeln, die das Völkerrecht kennt, geopolitische Machtansprüche, Nationalismen und revisionistisches Großraumdenken nicht einhegen können. Weder akzeptieren die Staaten, die von der Öffnung der Märkte seit 1989 am meisten profitierten (allen voran China), die Grundprinzipien der liberalen Ordnung, noch sind sie an ihrer globalen Verbreitung (etwa durch humanitäre Interventionen zur Durchsetzung selbiger) wirklich interessiert. Stattdessen reduzieren sie den Markt unter dem Primat der Politik auf größtmögliche Effizienz, melden eigene Ordnungsansprüche in ihren „Einflusszonen" an und entwickeln bestenfalls ein taktisch-instrumentelles Verständnis von Systemen kollektiver Sicherheit wie den Vereinten Nationen. Die Pfeiler der internationalen Ordnung der Nachkriegszeit, die zunächst auch die Zäsur der

Jahre 1989/1990 überdauerten, bröckeln unaufhaltsam. Gewaltsame Auseinandersetzungen gehören mittlerweile zur Standardmethode bei der Lösung von zwischenstaatlichen Konflikten sowie innerhalb von Ländern, während das multilaterale Sicherheitssystem in die Bedeutungslosigkeit abgleitet und der Sicherheitsrat der Vereinten Nationen ohnmächtig zusehen muss, wie die Grundsätze und Normen des Völkerrechts missachtet werden. Gleichzeitig verstärkt sich die Kluft zwischen dem globalen Norden und dem globalen Süden, mit allen Konsequenzen einer immer größer werdenden Schuldenlast vor allem für die Länder des Südens, der Verschärfung des Armutsproblems, der Migration und des damit verbundenen erstarkenden Populismus und Autoritarismus.

## Die Rückkehr der Großmächtepolitik

Die von Beobachtern bereits während des Ukraine-Konflikts 2014 ausgerufene Rückkehr der Geopolitik als ein *erster* globaler Trend beschreibt ein vielschichtiges Phänomen, das sich nicht allein auf das Synonym für gewaltträchtige und skrupellose Machtpolitik reduzieren lässt. Amerikanische und britische Wissenschaftler verstanden unter Geopolitik ursprünglich die Analyse politischer (und wirtschaftlicher) Phänomene, die sich auf geografische Kausalfaktoren konzentriert. Unzweifelhaft befindet sich die Welt derzeit auch inmitten eines radikalen politischen Systemwettbewerbs zwischen Demokratie und Autokratie, der gerade für Deutschland alle Gewissheiten ins Wanken bringt. Russland und China sind „Führerstaaten", wie es der langjährige Vorsitzende der Münchner Sicherheitskonferenz Wolfgang Ischinger formulierte, die alle Gegenkräfte in Politik, Gesellschaft und Wirtschaft beseitigt haben und zumal als Atommächte eine geopolitische Herausforderung

## 2 Der Beginn des post-Amerikanischen Zeitalters

für die Demokratien darstellen. Sich in ihre Abhängigkeit zu begeben, erhöht das Risiko strategischer Verwundbarkeit. Auch deshalb ist ihre weitere Annäherung über den Krieg aus europäischer wie amerikanischer Sicht das größte geopolitische Risiko für die Zukunft.

Putins brutaler Angriffskrieg zeigt endgültig, dass sich systemische, geoökonomische und geopolitische Herausforderungen heute überlagern und wechselseitig verstärken. Mit der Invasion der Ukraine tritt die Idee der Befriedung der Welt durch scheinbare Systemangleichung und unbegrenztes Wirtschaftswachstum, von dem alle profitier(t)en, auf unbestimmte Zeit in den Hintergrund. Stattdessen rücken nationale Sicherheit, Verteidigung und Abschreckung in den Mittelpunkt des politischen Interesses für all diejenigen Staaten, die sich im UN-Sicherheitsrat hinter die „westliche Allianz" gestellt haben.

Es ist erstaunlich, wie entschieden nunmehr gerade diejenigen aus Politik, Wirtschaft und Gesellschaft in Deutschland, die bis vor kurzem noch so gar nicht an die von den mittel- und osteuropäischen Nachbarn seit Jahren beschworene Bedrohungslage glauben wollten, plötzlich ein Umdenken fordern. Und doch mutete die vom Kanzler beschworene Zeitenwende, kaum war sie denn ausgerufen, schon wieder halbherzig an. Deutschland tut sich schwer, eine Haltung zur neuen Weltlage zu finden. Und es tut sich vor allem schwer, eine neue Haltung zu Russland zu finden. Dabei wird heute deutlicher denn je: Deutschlands jahrelange Appeasement-Politik gegenüber Moskau hat Russland stärker und Deutschland schwächer gemacht.

Vor allem Vertreter der Sozialdemokratie (SPD) sehen sich in der Tradition der Ostpolitik zum Teil bis heute lieber als Vermittler und konstruktive Partner denn als Machtpolitiker. Das Eingeständnis des Scheiterns der Politik des „Wandels durch Annäherung" fällt sichtlich schwer. Bis zum Schluss glaubte man an die Idee von gesellschaftlicher und wirtschaftlicher Verflechtung als Friedensmodell. Dabei fiel Putins viel zitierter Satz vom Zerfall der Sowjetunion als größte geopolitische Katastrophe des 20 Jahrhunderts schon früh und offenbarte seine imperialen Ambitionen zur Wiederherstellung eines russischen Großreichs. Hinter dieser Zögerlichkeit mochte immer die Angst vor dem „russischen Bären" gesteckt haben, den man nicht provozieren wollte. Auch jetzt, wo Berlin die Ukraine längst mit militärischen Mitteln unterstützt, scheinen eine Reihe von Politikern (und weite Teile des Landes) Angst davor zu haben, dass man Russland besiegen könne. Lieber sprach Kanzler Scholz bis zuletzt davon, dass die Ukraine nicht verlieren dürfe.

Mindestens ebenso sehr aber entsprach diese Haltung der Grundüberzeugung, dass auch Moskau an die Formel von der Unteilbarkeit europäischer Sicherheit glaubte, solange die Partnerschaft der einen Seite billige Energieimporte und Exportüberschüsse bescherte und der anderen Technologie und Devisenreserven. Schließlich, so die realitätsfremde Sicht, wollte doch auch Russland am Ende die Transformation zu Demokratie und Marktwirtschaft als Voraussetzung für stärkere Integration in bestehende europäische Strukturen. Umgekehrt war man in Berlin der Überzeugung, dass Moskau daher am Ende Deutschlands tragende Rolle bei der Osterweiterung von EU und NATO hinnehmen würde – von der man bekanntermaßen ökonomisch wie sicherheitspolitisch erheblich profitierte.

Diese Sicht, so zeigt es sich jetzt schmerzhaft, war naiv. Sie führte dazu, dass fast alle Regierenden und weite Teile der Gesellschaft seit dem Zerfall der Sowjetunion beharrlich ignorierten, welche Anstrengungen der Westen, allen voran die Bundesrepublik, immer wieder unternahm, um den sicherheitspolitischen Interessen und der „Größe und Besonderheit" Russlands Rechnung zu tragen (von Fritsch 2022). Ob die NATO-Russland-Grundakte 1997, die

Aufnahme Russlands in die G7 1998 oder das Partnerschafts- und Kooperationsabkommen mit der EU 1994, die „Strategie der „vier Räume der Zusammenarbeit" 2005 und zuletzt die Modernisierungspartnerschaft 2010 mit der Union: sie alle dienten dem Zweck, die Partnerschaft mit Russland zu vertiefen und dem Land zu helfen, sein einseitig auf den Export fossiler Energieträger ausgerichtetes Wirtschaftsmodell zu diversifizieren und zukunftsfähig zu machen. Ebenso ignoriert wurde, was Berlin nach anfänglicher Erweiterungseuphorie in den 1990er-Jahren seit den 2000er-Jahren gleichzeitig unterlassen hatte, um vor allem die Länder zu unterstützen, die heute am stärksten unter dem Joch der russischen Aggression zu leiden haben: So waren es Deutschland und Frankreich, die der Ukraine wie Georgien 2008 nicht nur die NATO-Mitgliedschaft, sondern auch eine wenigstens kompensatorische Unterstützung beim Aufbau eigener schlagkräftiger Sicherheits- und Verteidigungsstrukturen zu verwehren. Selbst die Annexion der Krim änderte nichts daran, dass Berlin auch nach dem Minsker Abkommen 2015 noch immer an eine Verhandlungslösung mit Russland glaubte, als Moskaus Absichten längst in eine andere Richtung deuteten. Auf Moskauer Rechtsbrüche wie den Bau der Krimbrücke oder die Blockade ukrainischer Schiffe im Asowschen Meer 2018 reagierte man in Berlin vielmehr noch mit Beschwichtigungen bezüglich einer Verschärfung des europäischen Sanktionsschwerts gegenüber Moskau oder dem sturen Festhalten an Nord Stream 2. Längst waren die Regierungen unter Schröder und Merkel dazu übergegangen, wirtschaftliche Interessen über alle Sicherheitsbedenken hinweg in den Vordergrund zu stellen. Auf diese Weise leistete man am Ende einer Politik Vorschub, der es vordergründig um die Erschließung von Einflusszonen geht, die aber vor allem gegen das politische Koordinatensystem des Westens gerichtet ist.

Begründet wurde dies alles mit den traditionellen russischen Einkreisungsängsten, für die man hierzulande nicht nur größtes Verständnis zeigte, sondern denen man die Interessen der postsowjetischen Staaten nach der großen Erweiterungsrunde 2004 stets unterordnete. Bei allen politischen Entscheidungen Deutschlands in Bezug auf die Erweiterung und die Rolle Berlins als Konfliktmanager waren vermeintliche russische Sicherheitsbedenken in den beiden vergangenen Dekaden die entscheidende unabhängige Variable und becherten Moskau insoweit ein implizites Vetorecht in Bezug auf die Souveränität der Beitrittsaspiranten. Auch deshalb taten sich politische Vertreter in Berlin selbst zu Beginn der russischen Invasion noch schwer damit, die hohen Opferzahlen in der Ukraine und in Belarus in Folge des deutschen Angriffskrieges während des Zweiten Weltkrieges anzuerkennen. Historische Verantwortung bezog sich immer selektiv vor allem auf Russland.

Nur so erklärt sich, dass man seit Anfang dieses Jahrhunderts auch die geopolitischen Konsequenzen des eigenen Handelns ausblenden konnte und es hinnahm, dass Belarus schon 1992 dem von Russland dominierten Bündnis für kollektive Sicherheit mit sechs ehemaligen Sowjetrepubliken beitrat oder russische Truppen im Laufe der Jahre in den drei europäischen Staaten Georgien, Ukraine und Moldau stationiert wurden; dass dies alles gegen den Willen der betroffenen Länder geschah und, folgte man der russischen Logik mit Blick auf die Osterweiterung, diese Politik von Beginn an gegen die NATO-Grenze gerichtet war; und dass man sich schließlich beharrlich weigerte, das zentrale russische Narrativ zu korrigieren, wonach es am Ende des Kalten Krieges eine Vereinbarung gegeben hätte, das transatlantische Bündnis nicht in Richtung Osten auszudehnen.

Richtig ist, dass der „Zwei-Plus-Vier-Vertrag" entgegen aller mündlichen Überlegungen, die in diesem Zusammenhang während der Verhandlungen zur deutschen Einheit

## 2 Der Beginn des post-Amerikanischen Zeitalters

1990 angestellt wurden, tatsächlich festlegte, dass deutsche Streitkräfte doch auf dem Gebiet der ehemaligen DDR stationiert werden durften. Richtig ist aber auch, dass es darüber hinaus keinerlei Vereinbarungen oder Präjudizierungen hinsichtlich einer möglichen Erweiterung des NATO-Bündnisses in Richtung Osten gegeben hat. Sie wären angesichts der Tatsache, dass die Verhandlungsführer der Zwei-Plus-Vier-Gespräche dem NATO-Bündnis in Fragen der Erweiterung – die grundsätzlich dem Einstimmigkeitsprinzip im NATO-Rat unterliegen – niemals hätten vorgreifen dürfen, von vornherein hinfällig gewesen. Nicht zuletzt müssen diejenigen, die das Bündnis immer wieder zur Zurückhaltung gegenüber Moskau mahnten, einräumen, dass weder NATO noch EU bei der Erweiterung irgendeiner imperialen Logik folgten, sondern dass diese von den betroffenen Ländern selbst angestoßen wurde und daher aus historischen Gründen gerade von Berlin nie hätte abgelehnt werden können.

So richtig es war, alles zu versuchen, Russland in die europäische Sicherheitsordnung und internationale Vereinbarungen mit einzubeziehen, so deutlich waren seit 2007/2008 die Signale Moskaus, dass die Bereitschaft Russlands zur Einbindung immer nur nach russischen Vorzeichen gegeben war. Putin ging es letztlich nur um die Anerkennung als Großmacht auf Augenhöhe mit dem Westen – eine Anerkennung, die man umgekehrt einer vermeintlich schwachen EU explizit verweigerte. Davor hat man vor allem in Berlin wie in Paris konsequent die Augen verschlossen. Gescheitert ist damit sowohl die französische Vision von der liberalen Macht EU als strategisch souveränes Bollwerk zwischen China und einem im Abstieg begriffenen Amerika wie auch die deutsche Idee eines kooperativen, anti-imperialen Staatensystems in Europa, in dem Berlin und Moskau sich in einer Art Großmachtrolle zur Stabilisierung des östlichen Mitteleuropas wähnten – eine Rolle, die man in Polen und den baltischen Staaten bereits seit Jahren als gefährlich und überheblich ansah.

Für Putin ging es von Beginn an um nichts anderes als die Schaffung einer vorgelagerten Einflusssphäre zwischen Russland und dem „alten Westen". Nie hatte er das Land als europäisches Ostgebiet gesehen, wie dies hierzulande viele Politiker taten, sondern als große und unabhängige geopolitische und strategische Einheit auf globaler Ebene. Kulturell mochte das Land immer noch europäisch geprägt gewesen sein, politisch aber war es „weder asiatisch noch eurasisch, sondern einfach russisch", wie es Dimitri Trenin, einer der führenden Außenpolitik-Experten Russlands, formuliert hat.

Vieles spricht dafür, dass auch nach Putin die Vision von der zumindest partiellen Wiederherstellung des Imperiums fortlebt. Wie schon in der Vergangenheit, da Machtwechsel Hoffnungen auf eine Annäherung im Westen weckten, so dürfte es Russland auch dann schwerfallen, sich aus seinen autokratischen und imperialen Traditionen zu lösen. Zumindest ist dies wahrscheinlicher als ein Kurswechsel in Richtung Demokratie. Dies bedeutet, dass vor allem der Ukraine, Georgien und Moldawien weiter eine Schlüsselbedeutung im strategischen Denken Russlands zukommen wird. Und es bedeutet, dass Russland auch weiterhin das Baltikum im Visier behalten wird, ungeachtet der Zugehörigkeit der drei Staaten zur NATO. Entscheidend für die Sicherheit dieser Länder wird sein, wie sehr man sich weiterhin vor allem der amerikanischen Beistandsverpflichtung sicher sein kann. Leidlich sicher können sich allenfalls die Staaten Ostmitteleuropas fühlen, selbst wenn sich nach Putins imperialer Logik die NATO auch aus Ostmitteleuropa zurückziehen sollte.

Auch deshalb geht es weit über Putin hinaus um nicht weniger als die geopolitische und geo-ökonomische Selbstbehauptung des Kontinents – und damit die Stärkung seiner

## 2 Der Beginn des post-Amerikanischen Zeitalters

Wertevorstellungen im Verbund mit den USA. Deutschland kommt dabei nicht zuletzt aufgrund seiner geografischen Mittellage die zentrale Rolle zu – nicht als „Zahlmeister" der EU, auch nicht als Macht des Ausgleichs, die bequem auf globaler Ebene zwischen den Fronten vermittelt und in Europa mit Frankreich Kompromisse schließt, oder andere vor sich hertreibt (wie in der Eurokrise), sondern als Führungsmacht, die alle Mitgliedstaaten mitnimmt. Europas Zukunft hängt entscheidend davon ab, dass Berlin die richtigen Antworten auf die dramatischen strukturellen Veränderungen gibt und damit endgültig Abschied nimmt von grundlegenden Prämissen seiner Außenpolitik in der Vergangenheit. Es mag langfristig gesehen wünschenswert sein, dass Russlands wachsende Abhängigkeit von chinesischer Technologie die Isolation vom Westen nicht weiter verstärkt und damit Einflussmöglichkeiten auf die russische Gesellschaft schwinden. Frieden und Stabilität in Europa aber dürften auf Jahre nicht mit, sondern nur gegen Russland möglich sein. Die damit zwangsläufig verbundene stärkere Re-Fokussierung auf die Integration der kooperationswilligen Staaten der östlichen Nachbarschaft, aber auch der Westbalkanstaaten und der Schwarzmeeranrainer, anstelle der „Russland zuerst"-Politik ist der beste Garant, die zentrifugalen Kräfte in der europäischen Außen- und Sicherheitspolitik zwischen Unterstützern eines NATO-Primats auf der einen (Ostmitteleuropäer) und „strategischer Autonomie" Europas (Frankreich und, abgeschwächt, Deutschland) auf der anderen Seite zu überwinden. Und sie ist folgerichtig in Bezug auf den Abbau allzu einseitiger wirtschaftlicher Abhängigkeiten Deutschlands im Vergleich zu seinen europäischen Nachbarn. Deutschland wird nicht umhinkommen, insbesondere in der erweiterten Schwarzmeerregion Richtung Zentralasien Sicherheit und Konnektivität seiner Handelsrouten zu stärken.

# Zur Zukunft der Globalisierung

Ein *zweiter* globaler Trend und zentraler Bestandteil dieses Buches ist das gleichzeitige Ringen der Staaten um die Verbesserung ihrer nationalen Sicherheit auch in Fragen globaler Lieferketten, der Energiezufuhr, kritischer Rohstoffe und außenwirtschaftlicher Abhängigkeiten.

Mit der Geoökonomie, dem Einsatz ökonomischer Instrumente zu (geo)politischen Zwecken, ist das Ende der Globalisierung noch nicht gekommen, allenfalls hat der Prozess sich verlangsamt. Ebenso wenig ist damit die jahrzehntelang währende wirtschaftswissenschaftliche Lehrmeinung überholt, wonach gesamtwirtschaftliche Außenhandelsgewinne erzielt und jeder bessergestellt werden kann, solange Gewinne nur richtig umverteilt werden. Daran ändern auch die Einschränkungen nichts, dass Außenhandelsgewinne für große Volkswirtschaften wie die USA vergleichsweise klein und umgekehrt für kleinere und ärmere Länder potenziell größer sind, und dass es natürlich immer Menschen gibt, denen der Außenhandel Wohlstandsverluste beschert. Gesamtvolkswirtschaftlich gesehen schadet Protektionismus immer. Weltweit setzte die jüngste Stagnation gerade in dem Moment ein, als Regierungen rund um den Globus ihre Bemühungen um eine weitere Liberalisierung des Welthandels einstellten. Die Wiedereinführung von Zöllen unter der ersten Trump-Adminsitration hat den wenigsten Amerikanern geholfen. Diejenigen, die unter dem sogenannten China-Schock ihre Stellen in der Aluminium- und Stahlbranche verloren haben, sind vor allem Opfer der Starrheiten (fehlende Mobilität, Umschulungs- und Eingliederungshilfen) innerhalb des Landes gewesen, die den Wechsel in andere Regionen und Sektoren verhinderten. In jedem Handelskrieg aber führen kurzfristige Entlastungen in einer Branche zu wahrscheinlichen Arbeitsplatzverlusten in anderen Branchen.

## 2  Der Beginn des post-Amerikanischen Zeitalters

Zwei Entwicklungen aber sind unabhängig davon unverkennbar: Zum einen profitierten die reichen Nationen in der jüngsten Welle der Globalisierung überproportional von den neuen Technologien. Diese ermöglichten es international agierenden Unternehmen, ihre Produktion zu verlagern, Auslandsdirektinvestitionen zu steigern und Lohnunterschiede zu nutzen, oft ohne dabei firmenspezifisches Know-how preiszugeben. Im Ergebnis führte dies dazu, dass laut Weltentwicklungsbericht die größten Unternehmen der globalen Wertschöpfungskette zu Beginn der 2020er-Jahre etwa 80 % zum Welthandel beitrugen. Immer weniger geht es bei Handelsstreitigkeiten heute um Absatzmärkte (Kappel 2022). Ziel der globalen Champions ist vielmehr die Technologieführerschaft im Sinne der Fähigkeit, in Bereichen wie Energietransfer, Halbleitertechnologie und Betriebssoftware globale Normen und Standards zu setzen und Abhängigkeiten zu schaffen. Auf diese Weise wurden zwar auch ehemals isolierte Regionen in die Weltwirtschaft integriert. Insgesamt aber blieb die Produktion und der Konsum nur auf einige wenige Staaten konzentriert. Zu denen, die den Sprung in den OECD-Kreis schafften, gehörten u. a. Südkorea und Mexiko, aber auch Indien und China, gleichwohl letztere noch immer an der Schwelle stehen. Vor allem China reagierte auf diese Entwicklung mit erzwungenem Technologietransfer im Rahmen von Joint-Ventures und schaffte auch deswegen den Sprung zur globalen Wirtschaftsmacht. Damit aber wurde gleichzeitig die Entwicklung zu wechselseitigem Protektionismus und de-Globalisierung verstärkt.

Zum anderen ist der Trend zur Entflechtung globaler Wirtschafts- und Finanzbeziehungen offensichtlich und vollzieht sich vor allem entlang der Trennlinien zwischen politischem Westen und der autoritären Welt. Wie bereits erwähnt kann sich die strategische Rivalität zwischen den USA und China im schlimmsten Fall auch in einer begrenzten militärischen Konfrontation zwischen den beiden

Supermächten im Pazifik entladen. Allemal aber leistet der geoökonomische Machtkampf einer stärkeren Konzentration des internationalen Handels Vorschub und schadet der Zusammenarbeit. Schätzungen der WTO zufolge haben ihre Mitglieder in der letzten Dekade mehr als 1000 zusätzliche Handelsschranken, darunter vor allem Zollerhöhungen und Importbeschränkungen, eingeführt und damit den globalen Welthandel signifikant reduziert. Allein zwischen dem Beginn der Pandemie und 2022 ist die Zahl neu eingeführter protektionistischer Maßnahmen um mehr als 30 % gestiegen, darunter nicht nur Zölle, sondern wesentlich intransparentere Subventionen und Exporthilfen. Während in den 1990er-Jahren der Güterexport durchschnittlich mehr als doppelt so schnell wie das BIP wuchs, ging die Exportelastizität seither kontinuierlich zurück, sodass bereits vor Corona und dem Ukraine-Krieg das globale BIP erstmals seit den 1980er-Jahren das globale Exportwachstum überschritt. Das bedeutet nichts anderes, als dass der Offenheitsgrad der Weltwirtschaft sinkt – allein um 15 % seit der Finanzkrise.

Die Folgen dieser Entwicklungen sind gerade für exportorientierte Nationen wie Deutschland, aber auch für die Handelsmacht EU insgesamt, einschneidend. Und sie erfordern eine Anpassung – nicht durch Abkopplung vom chinesischen Markt, wie sie rechtskonservative Kräfte in den USA teilweise fordern, aber eben doch im Sinne einer Absicherung der eigenen Zukunft gegen die geopolitischen Risiken. Europa wie Deutschland werden sich insofern auch von der Illusion verabschieden müssen, im globalen Wettbewerb zwischen den beiden Supermächten allein auf Allianzen mit gleichgesinnten Staaten setzen zu können. Globale Absatzmärkte bleiben für Deutschland wie die EU überlebenswichtig und erfordern strategische Partnerschaften auch mit solchen Staaten, die der Politologe Parag Khanna in der sogenannten „Zweiten Welt" verortet

(Khanna 2008). Sie besteht aus den Staatengruppen in Osteuropa, Zentralasien, Lateinamerika, im Nahen Osten und in Ostasien, eben jenen Regionen, die seit den Umbrüchen der Jahre 1989/1990 zentrale Schauplätze für die künftige Gestalt der Weltordnung gewesen sind. Hier wird sich für die EU mitentscheiden, wie das künftige Machtgleichgewicht zwischen den drei großen Imperien des 21. Jahrhunderts, den Vereinigten Staaten, der Europäischen Union und China, aussieht. Und sicherlich wird dieser Machtkampf für die Union keinen positiven Ausgang nehmen, wenn sie wie in der Vergangenheit allzu einseitig an einer normengeleiteten Außenhandelspolitik festhält, der Adressatenländer am Ende meist nur bedingt folgen.

## Der Systemwettbewerb und die Veränderung der globalen Machtverhältnisse

Damit ist die *dritte* große strukturelle Veränderung in den internationalen Beziehungen angesprochen: das schleichende Ende einer drei Jahrzehnte währenden globalen Ordnung, die auch als „Pax Americana" beschrieben wurde (Zakaria 2022). Sie ist untrennbar mit den beiden anderen Trends verbunden. Sichtbarstes Zeichen dafür ist sicherlich der wirtschaftliche Aufstieg Chinas, Indiens und anderer Schwellenländer, deren Wachstumsraten längst deutlich höher sind als die im OECD-Raum bzw. der G7. Nimmt man als Indikator das GDP/PPP, dann gehören neben China, Indien und Japan unverändert auch Deutschland und die USA zu den führenden Nationen. Dennoch sind die Anteile der G7 am globalen BIP in nur drei Jahrzehnten auf unter 50 % geschrumpft. Und die EU hat nach Projektionen des IWF zwar Aussichten, wirtschaftlich mitzuhalten und auch den Wohlstand zu heben, doch bleiben ihre Wachstumsraten im Durchschnitt hinter denen der USA, Chinas und Indiens zurück (IMF 2022).

Wie eingangs beschrieben war diese Entwicklung das Ergebnis der Globalisierung und funktionierte nur, weil die USA als ein an ihr interessierter Hegemon gemeinsam mit den Europäern ihre Regeln bestimmten und ihr Funktionieren garantierten. Beide schufen so die Voraussetzungen für eine liberale Weltwirtschaftsordnung, von der idealerweise alle profitierten. Der Logik dieser Theorie folgend lohnte es sich vor allem für kleinere und schwächere Staaten, sich in einer solchen Ordnung wie Trittbrettfahrer zu verhalten.

Anzeichen für die Erosion der Pax Americana sind aber auch die Absetzbewegungen aus dem „eigenen" Lager der strategischen Partner heraus. Allein die Tatsache, dass die Vereinigten Arabischen Emirate und Saudi-Arabien, zwei Länder, die seit Jahren zu den wichtigsten strategischen Partnern Washingtons gehören und vom amerikanischen Sicherheitsschirm in der Region abhängen, Washington bei der Abstimmung über Putins Invasion in der Ukraine im UN-Sicherheitsrat die Gefolgschaft verweigerten, spricht Bände. Gleiches gilt für Israels oder Indiens Signale, die politischen Verbindungen zu Moskau nicht abreißen lassen zu wollen. Die Türkei, in den letzten Jahren zunehmend zu einem zentralen regionalen Akteur avanciert, hat deutlich gemacht, dass ihre NATO-Mitgliedschaft sie keinesfalls davon abhält, im Verhältnis zu Russland eine Sonderrolle zu pflegen. Dies zeigten bereits die gegenseitige Anerkennung der geostrategischen Interessen beider Seiten in Syrien sowie Ankaras Rüstungsgeschäfte mit Moskau 2019. Und dies wird zunehmend deutlich in Bezug auf die aktuellen türkischen Bemühungen um eine Mitgliedschaft in der Shanghaier Organisation für Zusammenarbeit (SOZ). Ankara nutzt das neue Gravitationszentrum im asiatischen Raum sowohl zu einer stärkeren Einbindung in Chinas

## 2 Der Beginn des post-Amerikanischen Zeitalters

Seidenstraßeninitiative wie auch als Druckmittel gegenüber dem Westen.

Kein anderes Land aber fordert die mit Amerikas lange währender Hegemonie verbundene liberale Ordnung derzeit so heraus wie China. Der Wettbewerb um die globale Führungsrolle war niemals schärfer, die Einsätze niemals höher. Das Ziel, die globale Hackordnung umzukehren und an den USA vorbeizuziehen, ist Dreh- und Angelpunkt des radikalen Kurswechsels unter der Ägide des mächtigsten chinesischen Staats- und Parteichefs seit Staatsgründer Mao Zedong. Innenpolitisch manifestiert er sich in einer Rückbesinnung auf den in Europa längst totgeglaubten Marxismus-Leninismus und einem beispiellosen Kontrollregime, welches das Internet zensiert und Suchmaschinen manipuliert, Internetunternehmen reguliert, die eigene Bevölkerung über drakonische Gesetze und Verordnungen zu Spitzeln der Partei werden lässt, ideologisch Andersdenkende wegsperrt und umerzieht (Uiguren), und die Gesellschaft über das Versprechen des „Gemeinsamen Wohlstands" (Xi) durch Umverteilung und Beschneidung der Macht der großen Internetkonzerne auf sich einschwört. Nach außen verheißt die chinesische Dystopie allenfalls noch, dass die Öffnung des Landes die Abhängigkeiten des Westens möglichst weiter verstärkt, damit dieser sich eine Abkopplung von China schlicht nicht leisten kann. Umgekehrt aber hält sich Peking immer weniger an die Spielregeln des Welthandelssystems. Stattdessen versucht das Regime, seine westlichen Werten diametral entgegenlaufenden Normen auch global durchzusetzen, indem es diese entlang der „Neuen Seidenstraße" zum Standard bei technischen Spezifizierungen für Produkte und Abläufe erhebt oder sich Führungspositionen in der Internationalen Organisation für Normierung (ISO) und der Internationalen Fernmeldeunion (ITU) der Vereinten Nationen sichert. Auf diese Weise soll die Hegemonie der USA, die sich aus Pekings Sicht verzweifelt gegen die Zwangsläufigkeit der chinesischen Wachablösung stemmen, gebrochen werden.

Im Ergebnis führte die sich seit längerem abzeichnende Verschiebung der geopolitischen Machtverhältnisse dazu, dass sich in den beiden Abstimmungen über die Resolutionen zum Ukraine-Krieg zwar eine Mehrheit der Staaten (141) gegen Putins Angriff aussprach. Gleichzeitig aber repräsentiert die vergleichsweise geringe Anzahl der Länder (37), die sich enthielten oder zumindest weigerten, die vom Westen verhängten Sanktionen mitzutragen, fast die Hälfte der Weltbevölkerung.

Russland wird mit aller Macht versuchen, diese Kräfteverhältnisse zu seinen Gunsten zu nutzen und darüber hinaus weiter Keile in die internationale Zusammenarbeit zu treiben. Dabei werden China und Indien die Hauptadressaten seiner Bemühungen sein, um dem Sanktionsschwert des Westens beizukommen. Vor allem nach China soll künftig das Gas fließen, das Europa nicht mehr abnimmt, von Peking sollen Computerchips, Autos und Maschinen kommen, die der Westen nicht mehr liefert. Dabei folgt das „außenpolitische Tandem", wie Putin es bezeichnet, vor allem einem Motiv: Treibende Kraft für die strategische Partnerschaft aus der Sicht beider ist nicht der Handel zum gegenseitigen Nutzen, sondern der gemeinsame Feind in Washington und dessen Versuche, eine unipolare Welt zu schaffen. Um die westliche Hegemonie zu brechen, akzeptiert Russland daher auch die Rolle des Juniorpartners, der zwar über viele Atomwaffen verfügt und billig Gas liefern kann, geschwächt von Sanktionen und Abschottung durch den Westen aber ansonsten wirtschaftlich zusehends abhängiger wird von Peking. Umgekehrt ist Russland für China ein willkommener Störfaktor, der die USA außerhalb der eigenen Einflusssphäre in Europa (Ukraine) und im Nahen und Mittleren Osten (Syrien, Libyen) bindet.

## 2 Der Beginn des post-Amerikanischen Zeitalters

All dies heißt im Umkehrschluss nicht, dass die sich herausbildende neue globale Ordnung zwangsläufig eine neue bipolare (USA, Europa und ihre Verbündeten auf der einen, China und Russland auf der anderen Seite) bzw. eine gegen die USA und Europa gerichtete sein muss. Zwischen beiden Blöcken stehen zu viele unentschlossene bedeutende Akteure, deren Positionierung wahlweise wechselt. Die Idee der liberalen Ordnung ist nicht am Ende, ihre Errungenschaften aber müssen an die neuen Gegebenheiten angepasst werden, und zwar nach innen wie nach außen (Neumann 2022). Amerika bleibt auf absehbare Zeit die stärkste Macht in der sich herausbildenden neuen Ordnung, in fast allen Machtdimensionen (militärisch, ökonomisch, politisch und kulturell) dem Rest, mit Ausnahme von China (und in Teilen Europa), weit voraus, aber längst nicht mehr in der Lage, das Weltgeschehen so zu kontrollieren, wie es das noch bis zur Jahrhundertwende getan hat. Als weltweit größter Produzent von Kohlenwasserstoff profitieren die USA allerdings von steigenden Energiepreisen im Gegensatz zu ihren Konkurrenten wie China oder die Bundesrepublik. Schließlich dürfte Washington aus Chinas heikler ambivalenten Haltung zum Krieg in der Ukraine geopolitischen Nutzen ziehen, indem es Europa zwingt, sich wieder stärker an die USA zu binden und seine bisherige Äquidistanz-Politik zwischen China und den USA aufzugeben (Fröhlich 2021).

Dies liegt schon deswegen im wohlverstandenen Eigeninteresse Washingtons, weil das Land heute mehr als zu Zeiten des Traums einer symbiotischen amerikanisch-chinesischen Beziehung auf enge Partner angewiesen ist. Gerade der globale Machtkampf zwischen den beiden Supermächten entscheidet sich vor allem an der Frage, wer die zuverlässigeren Allianzen schmiedet. So richtig es daher ist, dass vor dem Hintergrund des gegenwärtigen weltpolitischen Wandels Europa einen stärkeren Beitrag zur gemeinsamen Sicherheit leistet. Nach wie vor ist dieses Europa auch lebensnotwendig für die amerikanische Sicherheit, auch wenn dies der derzeitige Präsident nicht so sehen mag. Dies gilt weniger, weil man auch in Washington noch daran glaubt, dass man mit keiner anderen Weltregion Werte und Interessen so teilt wie mit dem alten Kontinent, sondern weil auch die Trump-Administration den Anspruch hat, im globalen Machtkampf in Zukunft die Nase vor China zu haben. Dafür aber gilt, was Henry Kissinger bereits in den 1990er-Jahren, also auf dem Höhepunkt amerikanischer Macht, so formulierte: die Kontrolle über eine der beiden Hauptsphären Eurasiens – Europas also und Asiens – durch eine einzige Macht (Russland oder China) stellt die größte strategische Gefahr für die USA dar.

Ebenso wenig bedeuten die derzeitigen Machtverschiebungen im globalen System, dass die künftige Ordnung eine Pax Sinica sein wird. Geopolitisch betrachtet mag Peking eine solche mit seinen Herrschaftsansprüchen über Meer und Land durchaus anstreben. Mit der weltweit mittlerweile größten Kriegsmarine versucht es die USA aus dem Pazifik heraus zu drängen, mit dem Seidenstraßenprojekt will es die gegensätzlichen Regionen Europa, Naher Osten und Zentralasien über die gewaltige Landmasse Eurasiens hinweg verbinden (Konnektivitätsstrategie) – in dieser Großregion werden mittlerweile 70 % des globalen BIPs generiert. Auf der anderen Seite birgt gerade der jetzt von Peking angestrebte Kurswechsel große Risiken für eine nachhaltige wirtschaftliche Entwicklung. Die Zurückdrängung der Privatwirtschaft, die mittlerweile drei Fünftel zur Wirtschaftsleistung des Landes beiträgt, bei gleichzeitiger Erhöhung der Staatsanteile verheißt nichts Gutes für die Zukunft des Landes. Noch wäre daher der abermalige Abgesang auf die USA verfrüht. Noch sind sie zu einer umfassenden Eindämmungspolitik durchaus fähig. Und noch ist das Ringen der Großmächte um dringend erforderliche

## 2 Der Beginn des post-Amerikanischen Zeitalters

strategische Partnerschaften bzw. Abhängigkeiten nicht zugunsten Pekings entschieden.

So wie einst die Pax Americana die Pax Britannica ersetzt hat, wird eine machtpolitische Restitution in der Zukunft aufgrund der Globalisierung und weltweiter ökonomischer Interdependenzen wohl aber nicht mehr erfolgen. Die Welt ist dafür zu kompliziert, das Nacheinander ist zum Zugleich rivalisierender Staaten geworden und lässt eine neue hegemoniale Ordnung nicht mehr zu. Die Herausbildung der neuen Ordnung ist nicht Ergebnis der Ablösung einer alten, die durch die Schwäche des einstigen Hegemons bedingt ist. Sie ist nach zwei verlorenen Kriegen und einer tiefgreifenden Finanzkrise vielmehr dem Wunsch der USA nach einer Pause von der Weltpolitik geschuldet, auch wenn die Geschichte keine Atempause kennt. Mehr denn je sehen auch die USA, dass das Überleben künftig nicht nur von Weltmarktanteilen, technologischer Innovation, Bevölkerungsgröße und immateriellen Faktoren allein abhängt, sondern eben von der Fähigkeit, Verbindungslinien herzustellen (Konnektivität) und Allianzen zu schmieden. Umgekehrt heißt dies für Staaten wie die Bunderepublik aber auch das Ende der Rolle des Trittbrettfahrers.

# 3

# Die geoökonomischen Karten der Zukunft

Der globale geopolitische Machtkampf um Einflusszonen wird heute vor allem mit ökonomischen Mitteln geführt. Mittel- bis langfristig ist diese Entwicklung für Europa und Deutschland mindestens ebenso entscheidend wie die Frage nach ihrer künftigen Verteidigungsfähigkeit. Gerade für ein Land wie Deutschland, das sich trotz Zeitenwende wohl auch in Zukunft schwertun wird, seine nationalen Interessen notfalls auch mit militärischen Mitteln durchzusetzen, wird der Einsatz ökonomischer Mittel zum wichtigsten Instrument im globalen Machtkampf. Auch wenn die Welt derzeit vor allem auf den Krieg in der Ukraine blickt – militärische, zumal zwischenstaatliche Konflikte sind bei aller Kriegsgeneigtheit Putins wohl doch eher die Ausnahme als die Regel. Allerdings wirkt die russische Invasion vom Februar 2022 wie ein Katalysator bezüglich der Überlappung geopolitischer und geoökonomischer Trends, insbesondere im Bereich Energie- und Rohstoffsicherheit. Und sie verdeutlicht, wie sehr die offene Weltwirtschaft und militärische Sicherheit heute vor allem aus Sicht Europas gefährdet sind. Selbst wenn es nicht zu einer Ausweitung des Krieges kommt, so ist die momentane politische Unsicherheit Gift für das Investitionsklima in Deutschland wie in Europa und erfordert daher auch in großem Umfang den Aufbau industrieller Kapazitäten in großem Umfang im Sicherheitsbereich, sprich der Rüstung.

Der Einsatz ökonomischer wie finanzieller Instrumente zum Ausbau der eigenen Machtposition auf den globalen Märkten ist jedenfalls auf dem Vormarsch, und der Gedanke, dass Aufrüstung auch ein Konjunkturimpuls sein kann, gerade für die deutsche Industrie, darf in Deutschland wie Europa in dieser Phase nicht länger tabuisiert werden. Gerade im Fall von China wird dies besonders deutlich. Alle in der letzten Dekade initiierten „Entwicklungsinitiativen" Pekings, von der OBOR (2013) angefangen bis zur „Global Security Initiative" (2023) mit dem Kreis der BRICS-Länder, folgten vor allem geopolitischen und strategischen Motiven. Diente das BRICS-Format anfänglich noch primär entwicklungspolitischen Zielen, so ist es mittlerweile zu einem Machtinstrument Chinas und Russlands in den internationalen Beziehungen geworden.

Weltweit greifen Regierungen auf wirtschaftliche Mittel zur Erreichung ihrer außenpolitischen und ökonomischen Ziele, aber auch zur Erschließung von Einflusssphären zurück. Sie verstärken damit den Trend zu Nationalismen, Abschottung und erhöhter Konfliktbereitschaft. Zu den Instrumenten zählen dabei nicht nur die klassischen Mittel der Importzölle oder Exportbarrieren in der Handelspolitik, sondern auch gezielte Sanktionen in den Bereichen Finanz- und Währungspolitik, Energie- und Rohstoffpolitik sowie Technologie- und Investitionspolitik

(v. a. in den Bereichen synthetische Biologie, Quantenphysik und KI). In allen Fällen handelt es sich um protektionistische Maßnahmen, die den internationalen Austausch von Gütern, Kapital, Menschen oder Technologie behindern.

## Die Bedeutung der Geoökonomie

Seit der globalen Finanzkrise 2008/2009 nutzen Staaten weltweit Abhängigkeiten und Verwundbarkeiten, um wirtschaftlichen Zwang auszuüben. Verstärkt wird dieser Trend durch den gleichzeitig stattfindenden geopolitischen Machtkampf um Hegemonie und Systemvorherrschaft. Spricht man heute von Geoökonomie, so sind damit heute nicht mehr die Vorzüge des uneingeschränkten Handels- und Kapitalverkehrs gemeint. Gemeint ist vielmehr die politische Einschränkung, wonach internationaler Handel nur so lange gut ist, wie er nicht die eigenen Sicherheitsinteressen tangiert. Nach den Terroranschlägen 2001 reifte die Erkenntnis vor allem in Europa erst allmählich, dass innere und äußere Sicherheit Voraussetzung sind für Freiheit und staatliche Ordnungspolitik. In den USA hingegen blendeten Außenpolitiker in der Phase der exzessiven Globalisierung Fragen möglicher sicherheitspolitischen Konsequenzen offener Märkte viel zu lange aus. Erst seit kurzem dämmert beiden Seiten der Zusammenhang zwischen äußerer Sicherheit und einem funktionierenden Wirtschafts- und Gesellschaftsmodell. Die grundlegende Frage lautet heute: Können Rivalität und ökonomische Integration nebeneinander bestehen, und wenn ja, was sind die Voraussetzungen dafür?

Die Ursachen für den Rückzug der Globalisierung sind offensichtlich. Treiber sind vor allem die Unsicherheiten in den Gesellschaften seit der Finanzkrise. Ihr folgten aus europäischer wie deutscher Sicht die Schuldenkrise, der Handelskrieg mit Trump und schließlich die durch die COVID-19-Pandemie und den Ukrainekrieg verschärften Lieferkettenprobleme und die mit ihnen einhergehende Verzehnfachung der globalen Transportkosten. All diese Entwicklungen wirkten sich negativ auf den Handel aus, führten zu erheblichen Verwerfungen an den Finanz- und Aktienmärkten, erhöhten die Kosten importierter Produkte und ließen die Nachfrage drastisch reduzieren. Die Folge: Für die meisten Menschen auch in den westlichen Industrienationen ist das Versprechen der Globalisierung, die politische Befriedung der Welt durch mehr Interdependenz, gescheitert. Wechselseitige Abhängigkeiten in Form von Handels- und Investitionsverflechtungen werden heute nicht mehr als stabilisierender Faktor des internationalen Systems im Sinne einer „win-win"-Situation zwischen Entwicklungsländern mit niedrigerem Preisniveau und Produzentenländern mit technischem Know-how wahrgenommen. Sie erhöhen stattdessen die außenwirtschaftliche Verwundbarkeit und Erpressbarkeit und leisten einem merkantilistischen Nullsummendenken Vorschub. Selbst in den USA, jahrzehntelang Treiber der Globalisierung, gelten Freihändler heute eher als aussterbende Spezies. Dass dies mit einem Exportanteil von 10 % am BIP (für Deutschland beträgt der Anteil 50 %!) und angesichts der Größe des eigenen Binnenmarktes mit 50 Bundesstaaten leichter fällt, ist plausibel. Dennoch ist die protektionistische Grundstimmung im Lande aus zwei Gründen bedenklich: erstens übersieht sie, dass günstige Importe im Zuge ausgefeilter globaler Lieferketten amerikanischen Haushalten mehr finanziellen Spielraum für andere Güter und Dienstleistungen gibt; das „Peterson Institute for International

Economics" in Washington hat jüngst ausgerechnet, dass der jährliche positive Effekt des Handels knapp 20.000 US-Dollar für jeden US-Haushalt ausmacht. Zweitens schlägt der amerikanische Protektionismus zwangsläufig auf die Weltwirtschaft zurück.

Hinzu kommt, dass die Machtverschiebungen im globalen Handels- und Finanzsystem mit einem zunehmenden Systemkonflikt zwischen westlicher Welt und autoritären Regimen einhergeht – ein Trend, der maßgeblich befördert wird durch unterschiedliche Teilhabe an Digitalisierung und technologischem Fortschritt auf den globalen Märkten. Wer die Schlüsseltechnologien (KI, Cloud Computing, Quanteninternet, 5G) kontrolliert, gewinnt sicherheitspolitischen Vorsprung. Gleiches gilt mittelfristig im Energiesektor für den Machtkampf zwischen Petrostaaten auf der einen und den auf Erneuerbare Energien setzenden Industriestaaten auf der anderen Seite. Russlands Krieg in der Ukraine zeigt, wie Interdependenz als Waffe eingesetzt werden kann und ganze Gesellschaften von heute auf morgen dazu zwingt, ihre Lieferketten neu auszurichten.

Weltweit nehmen daher Boykottaufrufe gegenüber dem Ausland zu und beginnen Unternehmen darüber nachzudenken, globale Lieferketten zu verkürzen („near-shoring") und die Produktion in vertrauenswürdige Länder zu verlagern („friend-shoring") oder gar „nach Hause" zu holen („reshoring"). Verstärkt wird diese Entwicklung durch den dramatischen Einfluss der Digitalisierung auf die heutigen Produktionsprozesse und Wertschöpfungsketten; sie werden im Sinne Schumpeters Theorie der wirtschaftlichen Entwicklung buchstäblich schöpferisch zerstört und neu vermessen. Die Produktion wird noch weniger arbeitsintensiv, mit entsprechenden Konsequenzen für den Arbeitsmarkt, ungeachtet der demografischen Entwicklungen. Lohnkosten spielen eine noch geringere Rolle für die Standortwahl. Dies wird Auswirkungen auf die westlichen Gesellschaften haben, insofern vor allem Qualifizierte und Wohlhabende davon profitieren – seit Jahrzehnten ist in den USA ein Rückgang der Realeinkommen von Beschäftigten ohne Berufsabschluss zu beobachten. Es hat aber auch Auswirkungen auf den globalen Märkten: War die Digitalisierung bislang der Treiber der Globalisierung und der Verflechtung der Volkswirtschaften, so droht jetzt die gegenteilige Entwicklung hin zu Entflechtung und Rückverlagerung, mit dramatischen Konsequenzen für eben jene Weltregionen, die eigentlich von der weltweiten Arbeitsteilung und ihrer demografischen Dividende profitieren sollten. Für sie verstärkt sich damit das Gefühl einer zutiefst ungerechten internationalen Ordnung, welche vorrangig die Interessen des Westens, insbesondere der USA schützt. Nunmehr profitieren sie allenfalls davon, dass China, Russland und der Westen wie nie zuvor in der Vergangenheit gleichermaßen um sie buhlen und sich mit „entwicklungspolitischen" Initiativen gegenseitig überbieten (Klingebiel 2022).

Dies hat in den betroffenen Ländern zwar zu einem größeren Selbstbewusstsein und politischer Emanzipation geführt, die es ihnen aufgrund fehlender politischer Lagerzugehörigkeit erlaubt, die externen Akteure gegenseitig auszuspielen. Gleichzeitig aber heißt das neue Zauberwort in Peking, Washington und Brüssel Resilienz. Widerstandsfähigkeit ersetzt Effizienz, wie sie globale *just in time*-Produktion ermöglichte, und nährt in weiten Kreisen des globalen Südens Bedenken, dass alle wohlfeilen entwicklungspolitischen Projekte am Ende einmal mehr vor allem eigenen Interessen der Großmächte dienen. Bereits vor Ausbruch des Ukrainekrieges gaben etwa 10 % der deutschen Unternehmen in einer Befragung an, dass sie beabsichtigen, in Zukunft mehr Vorprodukte und Materialien aus dem heimischen oder EU-Raum zu beziehen und damit ihre Lieferketten zu verkürzen (Flach et al. 2021). Dies alles geschieht in einer Zeit, in der die Weltwirtschaft ohnehin nur mäßig wächst, die Inflation steigt und die Verschuldung der Staaten zunimmt, was die Abhängigkeiten und Verwundbarkeiten zusätzlich verstärkt und die Gefahr von Konflikten bis hin zu militärischen Auseinandersetzungen erhöht.

## Der amerikanisch-chinesische Handelskrieg

Längst ist eine Debatte darüber im Gang, wer diesen Trend vor allem befördert hat. China sieht die Ursache vor allem in Trumps Strafzöllen als Antwort auf das Handelsbilanzdefizit mit China, das nach Ansicht Pekings aber in erster Linie die Konsequenz chronischer Zahlungsbilanzdefizite der verschuldeten US-Wirtschaft ist. Auch verweist es darauf, dass das Volumen der US-Direktinvestitionen in China gerade einmal knapp 2 % des Gesamtvolumens amerikanischer Auslandsinvestitionen ausmacht und rund 70 % der in China tätigen amerikanischen Unternehmen laut Umfragen der US-Handelskammer in Peking im Jahr 2020 der chinesischen Führung eine Verbesserung bei der Umsetzung der Vorschriften in Bezug auf geistiges Eigentum attestierten (Huang 2021). In den USA wiederum machen viele China mit seiner aggressiven Außenwirtschaftspolitik dafür verantwortlich. China, so heißt es parteiübergreifend im Kongress, habe über Jahrzehnte von den offenen

Märkten des Westens profitiert, um nun im Übergang zur Modernisierung seiner Wirtschaft durch mehr Investitionen und Anstieg des Binnenkonsums die eigenen Märkte von diesen abzuschotten. So hätte der Gesamtwert des US-Warenhandels mit China 2022 noch immer bei 690 Mrd. US-Dollar gelegen, wovon rund 154 Mrd. US-Dollar auf den Export und rund 536 Mrd. US-Dollar auf den Import von Waren entfallen sind. Damit hat sich an der für die USA negativen Handelsbilanz trotz Zollschranken auf den ersten Blick seit 2018 wenig geändert, genauso wenig allerdings kann die Rede von einem „decoupling" sein.

Die Gründe dafür liegen auf der Hand. Beide Seiten sind sich der wechselseitigen Abhängigkeiten bewusst: Washington weiß, wer vor allem das US-Haushaltsdefizit bezahlt und wem amerikanische Konsumenten in den letzten Jahrzehnten günstige Preise für Endprodukte und Unternehmen höhere Gewinnmargen verdanken. Peking wiederum braucht den amerikanischen Absatzmarkt für seine Produkte und sein Exportmodell wie keinen anderen auf dieser Welt. Und beide Seiten wissen auch, dass ein Wirtschaftskrieg, wie ihn die Welt derzeit erlebt, Arbeitsplätze und Wohlstand kostet (Siripurapu und Berman 2023). Dies scheint allerdings kein Hindernis dafür zu sein, dass beide Seiten momentan vor allem auf Konfrontation setzen und sich in einen Subventionswettlauf begeben haben, der gravierende Auswirkungen auf die Weltwirtschaft hat. Amerika, China und Europa überbieten sich derzeit mit Milliardenhilfen für die Industrien, die sie für zukunfts- und sicherheitsrelevant halten und die sie als gefährdet ansehen, wohlwissend, dass Subventionen Überkapazitäten schaffen, Monopole festigen, die Preise treiben und Ungleichheit befördern. Werden solche Subventionen zusätzlich mit Exportbeschränkungen verbunden, steigen die Produktionskosten im eigenen Land und verringert sich die

Exporttätigkeit. Dennoch sind alle Seiten derzeit entweder bereit, den Preis dafür bezahlen zu wollen, oder aber davon überzeugt, dass sie aus diesem Handelskrieg als Sieger hervorgehen. Anders ist nicht zu erklären, wie sie seit der globalen Finanzkrise 2008 laut einer Studie des London Centre for Economic Policy Research ca. 18.000 Subventionsprogramme für ihre Industrien in etwa gleichen Teilen auflegen konnten.

Die gleiche Argumentation lässt sich mit Blick auf die von Trump bereits 2017 aufgeworfene, und jetzt unter seiner zweiten Amtszeit sich sicherlich wieder verschärfende Diskussion um die Handelsdefizite der USA aufmachen. Ganz unabhängig von der Frage aber, ob Handelsbilanzdefizite per se schlecht sind und Überschüsse gut – dies hängt wesentlich von einer Reihe von Faktoren ab und im Fall der USA gilt, dass das Land seit den achtziger Jahren scheinbar gut damit leben kann, da die meisten Länder dieser Welt nach wie vor ihre Währungsreserven vorzugsweise in den USA anlegen, ebenso wie Vermögensbesitzer einen Großteil ihres Geldkapitals dort investieren. Die tieferen Ursachen für den sich abzeichnenden Handelskrieg zwischen Washington und Peking liegen in Fragen der Sicherheit und der systemischen Herausforderung. Aus diesen Gründen führte die Klage über unfaire chinesische Praktiken schon unter der Obama-Administration dazu, dass Washington China regelmäßig vor das WTO-Streitschlichtungpanel zitierte und mit ersten Strafzöllen bedachte. Dass bei solchen Vorwürfen die Angst vor dem Verlust der eigenen Führungsrolle eine Rolle spielte, liegt auf der Hand. Washington betrachtet seither parteiübergreifend Chinas ökonomische wie militärische Modernisierung als Bedrohung. Dabei ist die Frage sekundär, inwieweit Handelskriege per se gewinnbar sind bzw. wachstums- und wohlstandsmindernd für alle Beteiligten wirken. Ökonomen führen darüber von jeher Debatten, mehrheitlich mit der Meinung, dass Letzteres zutrifft und Handelskriege im Grunde nur Verlierer kennt.

Auch in den USA folgte daher auf jeden protektionistischen Aufschrei in der Vergangenheit stets die Besinnung, sodass am Ende Handelsbeschränkungen entweder nicht beschlossen oder nach kurzer Zeit wieder zurückgenommen wurden. Zölle, so lautete am Ende das Credo, mochten im besten Fall zwar abschreckend wirken und der eigene Einkommensverlust gering sein, das Risiko einer Eskalation aber sei gerade im Konflikt mit einem Systemveränderer wie China zu groß, wie auch jüngere Studien zum chinesisch-amerikanischen Handelsstreit zeigen (Evenett 2018). Danach sorgten höhere Risikoprämien, die Verunsicherung und Zukunftsängste in den Gesellschaften, die Investitionen auch in anderen, nicht betroffenen Branchen beeinträchtigen, am Ende für empfindliche Einbußen des BIPs insgesamt. Berechnungen einiger ehemaliger Vorsitzender des Wirtschaftsrats für den Präsidenten zufolge erhöhten Trumps Aluminium- und Stahlzölle gegen China und die europäischen Verbündeten zwar die Gewinne und die Zahl der Arbeitsplätze in der US-Stahlindustrie, gleichzeitig aber kosteten sie die amerikanischen Steuerzahler zwischen 650.000 und 900.000 Dollar pro neu geschaffenen Arbeitsplatz (Oermann und Wolff 2023).

Mittlerweile aber hat sich das seit der globalen Finanzkrise latent spürbare Gefühl auch in den westlichen Gesellschaften verfestigt, dass Freihandel nicht nur allseits Gewinner schafft, sondern den Wohlstand mancher Branchen und Bevölkerungsgruppen erheblich verringert, die daher Schutzzölle benötigten. Die Kehrseite der Medaille sind Jobverluste in der verarbeitenden Industrie, Angst vor dem Ausverkauf sicherheitsrelevanter Technologien und dem Verlust an Wettbewerbsfähigkeit ganzer Branchen durch preisverzerrende Währungsmanipulation auf chinesischer Seite. In den USA macht sich daher in politischen Zirkeln zunehmend ein

## 3 Die geoökonomischen Karten der Zukunft

Nullsummendenken breit. Exportkontrollen, die Beschränkung von Direktinvestitionen und Gegenspionage sollen die ambitionierten technologischen Ziele Chinas stoppen. Und natürlich setzt man in Washington dabei insgeheim darauf, dass die Vorteile der größeren Nachfragemacht und -elastizität der USA auf den Weltmärkten gegenüber seinen Handelspartnern nach wie vor ausreichen, um im Machtkampf mit China am Ende die Nase vorne zu haben.

Selbst wenn dies der Fall wäre, birgt diese Entwicklung allerdings ein großes Risiko auch für die US-Wirtschaft und die Welt insgesamt. Geoökonomische Interessen lassen sich im 21. Jahrhundert für keine Volkswirtschaft dieser Welt so leicht durchsetzen, wie dies noch zu Zeiten des Kalten Krieges mit zwei geschlossenen politischen Systemen möglich war. Das Maß der technologischen und wirtschaftlichen Vernetzung im digitalen Zeitalter lässt dies nicht zu. Exportkontrollen und Zollbeschränkungen funktionierten in einer Welt, da Technologien auf überschaubaren und kontrollierbaren Komponenten beruhen. Für KI-Komponenten und hochkomplexe Lieferketten der heutigen Zeit trifft dies nicht zu. Die großen Tech-Unternehmen, die die digitale Welt beherrschen, verfügen nicht nur über kaum überschaubare Produktionsstandorte, sondern betreiben auch ihre Forschungen außerhalb des Landes.

Hinzu kommt, dass die amerikanische und chinesische Volkswirtschaft mittlerweile eine ähnliche Größenordnung haben, auch wenn die amerikanische bei gegebenen Wechselkursen der Währungen nach wie vor deutlich größer ist. Daraus ergeben sich auch für Washington Abhängigkeiten bei den globalen Lieferketten und von einem Netzwerk an Firmen und gut ausgebildeten Arbeitern im chinesischen Tech-Sektor. Angesichts über drei Jahrzehnte anhaltender Wachstumsraten der chinesischen Wirtschaft wirkt daher jede Extrapolation der wirtschaftlichen Entwicklung in China bedrohlich für Washington. Die Sorge ist weniger die Frage nach der Wirksamkeit von einzelnen Zöllen oder anderen Handelsbarrieren. Auch nicht, inwieweit eigene Branchen damit am Leben erhalten bleiben können, obwohl ihr Problem eher struktureller, sprich wettbewerbsfähiger Natur ist. Gleiches gilt im Übrigen auch für die Frage nach dem Einsatz anderer Instrumente wie Sanktionen, Embargos, Boykotts oder Entwicklungshilfe. Die eigentliche Sorge für Washington ist, dass Peking den eigenen Rückzug aus der hegemonialen Rolle dazu nutzt, um gemeinsam mit Russland und anderen regionalen Akteuren die Welt weg von einer regelbasierten hin zu einer machtbasierten Ordnung zu verschieben. Hinter den amerikanischen Handelsrestriktionen stehen daher nicht allein Überlegungen, inwieweit durch sie wirtschaftliche Ziele erreicht oder die eigenen Kosten reduziert werden können. Es geht darüber hinaus um psychologische, diplomatische und sicherheitspolitische Interessen: Inwieweit kann das Verhalten des Adressaten dahingehend beeinflusst werden, dass er sich künftig an die Spielregeln des internationalen Systems, in diesem Fall die Grundprinzipien der Welthandelsordnung hält? Können eigene Kosten nötig sein, um die Ernsthaftigkeit der Maßnahmen zu unterstreichen? Oder ist Nichthandeln die bessere Option, selbst wenn es den Sender vorübergehend mehr schadet als dem potenziellen Adressaten, er mittelfristig aber bei potenziellen strategischen Partnern aufgrund größerer Verlässlichkeit punktet?

Genau um diese Fragen geht es seit mit der ersten Präsidentschaft Trumps der Wettstreit zwischen den beiden Supermächten um die Ressourcen der Zukunft und die künftige globale Vormachtstellung weiter eskaliert ist. Unter Trump setzten die USA erstmals wirtschaftliche Sicherheit mit nationaler Sicherheit gleich und machten sie damit zum integralen Bestandteil der amerikanischen Außenpolitik. Wie kein anderer Präsident zuvor hat Trump die

## 3 Die geoökonomischen Karten der Zukunft

US-Handelsbarrieren gegenüber China und den europäischen Handelspartnern ausgebaut – mit massiven Auswirkungen nicht nur auf die reale Produktion und Wohlfahrt der beiden Großmächte, sondern auch auf deren Handelspartner. Gesetze wie das zur Einschränkung ausländischer Direktinvestitionen (Foreign Investment Risk Review Modernization Act, 2018) oder der Bilanzprüfung ausländischer börsennotierter Unternehmen (Holding Foreign Companies Accountable Act, 2020) durch das *Public Company Accounting Oversight Board* sollen Übernahmen heimischer Unternehmen verhindern bzw. den Ausschluss internationaler Firmen von der Börse ermöglichen. Im September und Dezember 2020 schränkte das Handelsministerium US-Verkäufe an den chinesischen Halbleiterhersteller SMIC mit der Begründung einer möglichen Abzweigung für militärische Endverwendung ein und setzte das Unternehmen auf die Entity List (US Federal Register 2020). Gleichzeitig sorgen Importzölle allein auf chinesische Güter im Handelswert von 550 Mrd. Dollar dafür, Amerikas Bilanzdefizite zu korrigieren. Begründet wurden all diese Maßnahmen damit, dass Chinas Dumpingpreise die eigene Stahl- und Aluminium-Produktion ruinierten und damit auch die nationale Sicherheit bedrohten. Auf diese Weise stellte Washington bewusst einen Zusammenhang her zwischen Handels- und Sicherheitspolitik, sprich den ökonomischen wie geopolitischen Interessen der USA.

Zur gleichen Zeit unterminierte die Trump-Administration die Prinzipien des internationalen Handels und die Rolle der WTO. So widersprachen die zwischen den USA und China im Wirtschafts- und Handelsabkommen (2020) vereinbarten Zielgrößen für den bilateralen Handel Artikel 1 des GATT, welcher die WTO-Mitglieder zu einer diskriminierungsfreien Handelspolitik verpflichtet. Schließlich führte die Blockadepolitik der USA im Hinblick auf die Besetzung der Berufungsinstanz des Streitschlichtungsgremiums der WTO dazu, dass anderen Mitgliedstaaten verwehrt wurde, sich gegen mögliche Rechtsverletzungen auf WTO-Ebene zu wehren – eine Entwicklung die der ohnehin angeschlagenen WTO zusätzlichen großen Schaden zufügte.

Das größte Problem aber war, dass Trumps Bannstrahl auch die eigenen Verbündeten traf und seither die protektionistische Grundhaltung gegenüber diesen auch unter Biden nicht vom Tisch ist. Die mit Brüssel 2021 erzielte Vereinbarung zur Aussetzung der Stahl und Aluminiumstrafzölle trug nur kurz zu einer vorläufigen Entspannung im transatlantischen Verhältnis bei. Nicht nur behielt sich Washington mit dem sogenannten „tariff rate quota"-Regime vor, deutsche Stahl und Aluminiumexporte in die USA weiterhin mit einem Zoll von 25 % zu belegen, sollten diese einen bestimmten Schwellenwert überschreiten. Zuletzt scheiterten die Verhandlungen über ein Ende der Stahlzölle kläglich und brachten den Europäern nicht mehr als eine weitere Verlängerung der Aussetzung der Schutzzölle bis Anfang 2024 und die bittere Erkenntnis, dass ihnen die Tür zu den US-Subventionen für grüne Technologien im Zuge des „Inflation Reduction Act" (IRA) verschlossen bleibt.

Die US-Haltung erfolgt auch aus einer Position der Stärke, die nicht zuletzt daraus resultiert, dass das BIP der USA, anders als im Fall von China oder der EU, nur zu einem Viertel vom internationalen Handel abhängig ist, die Kosten eines Wirtschaftskriegs für das Land im Verhältnis zu anderen Ländern also erheblich niedriger sind. Sie ist aber vor allem Ausdruck des immensen innenpolitischen Drucks, vor dem mittlerweile jede Administration in Washington steht. Angesichts der Polarisierung der Gesellschaft und der Radikalisierung der Republikaner im Kongress wird Europa auch in Zukunft mit der Unsicherheit leben, dass weitere

## 3 Die geoökonomischen Karten der Zukunft

Zugeständnisse aus den USA womöglich ausbleiben, es sei denn man positioniert sich eindeutiger als bisher im chinesisch-amerikanischen Machtkampf und zieht die Zollmauern gegen China im Verein mit Washington hoch.

Dennoch ist Amerikas Druck mit großen politischen Risiken verbunden: Washingtons Abschottungspolitik gegenüber China leistet denjenigen in Peking und auch in Europa Vorschub, die umgekehrt den USA Marktmanipulation durch Mengenkontingentierung im Sinne von „managed trade" vorwerfen. Das Dilemma besteht darin, dass Washingtons eigene Bereitschaft zum Einsatz geoökonomischer Instrumente in der Handels-, Finanz- und Technologiepolitik es zusätzlich erschwert, Europäer von der dringend notwendigen stärkeren Entkopplung (wohlgemerkt nicht Abkopplung) und Unabhängigkeit von chinesischen Märkten zu überzeugen. Auch das Ziel des Abschlusses eines wie immer gearteten, dringend notwendigen Freihandelsabkommen mit der EU rückt damit in größere Ferne, dabei kam eine Analyse der US-Handelskammer noch 2021 zu dem Ergebnis, dass US-Unternehmen durch die Absagen an TTIP wie TPP wertvoller Marktzugang sowohl in Europa wie Asien entgangen sei. Washington schadet somit nicht nur der angesichts der geopolitischen Situation dringend notwendigen Allianz, sondern auch der eigenen Wirtschaft.

Immerhin bot die unter der Biden-Administration von Sicherheitsberater Jake Sullivan Anfang 2023 formulierte neue wirtschaftspolitische Doktrin die Chance für einen transatlantischen Brückenschlag in dieser Dilemmasituation. Was nunmehr als neuer „Washington Consensus" firmierte, war nichts anderes als der Versuch, Amerikas wirtschaftspolitische Interessen und Abhängigkeiten an die geopolitischen Realitäten anzupassen. Klang das bei Regierungsantritt 2021 noch so, als gelte es der chinesischen Bedrohung durch Abschottung bzw. Abkopplung zu begegnen, so plädierte man später für eine Risikominimierung in den Wirtschaftsbeziehungen zu China – eine Formulierung, die man von Brüssel übernommen hat und die durch das Konzept eines weiter gefassten „friendshoring" ergänzt wurde, um mehr Länder als nur den Westen einzubeziehen. Auf diese Weise lies sich der europäische Anspruch, den globalen Handel so offen und regelbasiert wie möglich zu halten, am ehesten mit der Notwendigkeit in Einklang bringen, China Grenzen zu setzen und das Risiko einer zu großen wirtschaftlichen Abhängigkeit von dem Land zu mindern. Unstrittig ist jedenfalls, dass vor allem der Gigant im Osten zur treibenden protektionistischen Kraft im Wettstreit um Absatzmärkte und Weltmarktanteile geworden ist.

Kein anderes Land hat in den beiden vergangenen Dekaden die Globalisierung so effizient genutzt wie China. Schätzungen gehen davon aus, dass die Wirtschaftsleistung des Landes seit der Öffnung der Weltwirtschaft um den Faktor 30 gestiegen ist. Geschätzt 800 Mio. Menschen entkamen der Armut, der Beitritt zur WTO 2001 bescherte dem Land einen rasanten Wirtschaftsaufschwung. Gleichzeitig hat Peking die Globalisierung genutzt, um seinen Einfluss bis in den letzten Winkel der Welt auszudehnen. Geoökonomische Megaprojekte wie die „Neue Seidenstraße" („Belt and Road initiative" – BRI) von 2013, Pekings strategische Investitionen in Afrika und die Einrichtung der 2015 gegründeten Asian Infrastructure Investment Bank (AIIB) machen China heute zum wichtigsten Handelspartner für mehr als 140 Länder. Mit diesen Initiativen versucht China nicht nur den Umbau der eigenen Volkswirtschaft von einer exportgetriebenen zu einer innovativen und modernen Technologiemacht voranzutreiben, indem es industrielle Überkapazitäten im eigenen Lande abbaut und ausländische Absatzmärkte für chinesische Waren erschließt. Gleichzeitig strebt die Regierung in Peking nach neuen Regeln im internationalen Handelssystem, um die eigenen Interessen durchzusetzen. Europa als zweiter Pol der BRI, als Abnehmer chinesischer Produkte und Standort hoch entwickelter Industrien, ist dabei zentrales geopolitisches Zielobjekt in Peking. Umgekehrt ist der chinesische Markt gerade für viele deutsche Unternehmen der wichtigste Markt und Produktionsstandort.

Die Methoden, mit denen Peking seine Projekte vorantreibt, entsprechen dabei schon lange nicht mehr denen einer gesteuerten Marktwirtschaft, auch wenn die Führung in Peking beteuert, dass sie die Globalisierung nicht abschaffen, sondern lediglich verändern will. Lange Zeit sah das anders aus, zumal das Land vordergründig nach den internationalen Regeln zu handeln schien. Chinas Staatskapitalismus operierte nicht mit offenem Protektionismus in Form von Zöllen oder Mengenquotierungen, wie er im Westen durchaus üblich ist in ansonsten freien, privatwirtschaftlich organisierten Märkten. Chinas subtiler Staatskapitalismus bediente sich anderer, für die Augen der Öffentlichkeit weitgehend verdeckter Methoden der finanziellen Subventionierung und politischen Unterstützung seiner Unternehmen, mit denen deren mangelnde Effizienz kompensiert wurden. Nach innen wirkten staatliche Betriebe, private Unternehmen und finanzstarke Staatsfonds effizient zusammen, setzten unternehmerische und innovative Kräfte frei und machten das Land innerhalb von knapp drei Jahrzehnten nicht nur zur zweitgrößten Volkswirtschaft der Welt nach den USA, sondern als Werkbank des Westens und durch seine Exportstrategie neben Japan mit knapp 1000 Billionen US-Dollar zum größten Gläubiger des strategischen Rivalen. Nach außen schaffte Peking v. a. mit der Seidenstraßen-Initiative wirtschaftliche Abhängigkeiten und instrumentalisierte diese politisch über Kredite, Investitionen, bilaterale Rohstoff- und Handelsabkommen sowie Energie- und Infrastrukturprojekte in Europa, Asien,

Afrika und Lateinamerika mit einem Gesamtvolumen von rund 1,2–1,5 Billionen Dollar – ein Beispiel, wie ihm vor allem Rohstoffexporteure wie Russland folgen, die von hohen Weltmarktpreisen profitierten, in strategisch wichtige Branchen und Rohstoffe (v. a. Öl und Gas) investierten und damit weniger privaten Wohlstand als vielmehr eigenen Einfluss und Machtanhäufung sicherten.

Mittlerweile aber hat China unter Xi Jinping seinen Griff auf die Wirtschaft wieder gefestigt, betreibt eine aktive Industriepolitik und schottet sich zunehmend vom Westen ab (Geinitz 2022; Kroeber 2020). Ziel ist nicht das Zurückdrehen, sondern eine Veränderung der Globalisierung nach chinesischen Vorzeichen. Diese aber führt dazu, dass der Außenhandel für Chinas Volkswirtschaft sukzessive an Bedeutung verliert. Betrug er die unmittelbaren Jahre nach dem WTO-Beitritt 2001 noch zwei Drittel, so ist er mittlerweile auf rund zwei Fünftel gesunken und ist damit deutlich geringer als etwa in den USA.

Schuld für diesen radikalen Kurswechsel gibt China dem Westen, der seinerseits die Wirtschaft politisiere und „decoupling" meine, wenn er von „de-risking" spreche. Das mag in Teilen sogar zutreffen, ändert aber nichts an der Tatsache, dass China selbst Urheber dieser Entwicklung ist. Schon lange spüren Staaten und Konzerne, die nicht nach den Regeln Chinas spielen, die Macht der Pekinger Führung. Die nationale Sicherheit und damit der eigene Machterhalt ist das alles überragende Ziel der KP, mit dem Kursabweichler im Innern wie im Ausland verfolgt werden. Und „de-risking" betreibt die Führung in Peking im Grunde seit sie ihre positiven Handelsbilanzen gegenüber der Außenwelt mit allen Mitteln verteidigt. Das Ergebnis: Heute ist privates Unternehmertum nur möglich, solange sich die Unternehmen an die Entwicklungspläne und Vorgaben der Kommunistischen Partei halten, die das Regime in Peking in seinen beiden Langfristplänen zur wirtschaftlichen Modernisierung des Landes festgeschrieben hat: der Initiative „Made in China 2025" von 2015 und eben der „Seidenstraßen"-Initiative. In beiden definiert die Parteiführung als Ziel die chinesische Technologieführerschaft bis 2049 in 10 Schlüsselindustrien, darunter Robotik, Informationstechnik, Transport, Elektromobilität, erneuerbare Energien und Künstliche Intelligenz (KI). Daneben strebt Chinas Präsident nach einer zivil-militärischen Fusion, um Synergien von „dual use"-Technologien wie KI und Quantencomputing besser für militärische wie ökonomische Ziele nutzbar zu machen.

Erreicht werden sollen die Ziele über Eigenentwicklung bzw. Autarkie, Abschottung und gezielte Unternehmenskäufe im Ausland. Peking will erreichen, dass das Land immer weitere Teile der globalen Wertschöpfungskette bedienen und seine eigene Hochtechnologie herstellen kann, um so empfindliche Sanktionen, die seinen Zugang zu Importen beschneiden, abzufedern. Bereit stehen dafür rund 2000 mit Staatsgeld finanzierte Risikokapitalfonds mit einem Volumen von bis zu zwei Billionen US-Dollar. Die Liste amerikanischer wie europäischer Beschwerden wird daher zunehmend länger: Während europäische Unternehmen der Beihilfekontrolle sowohl auf dem EU-Binnenmarkt wie auch in Drittstaaten unterliegen, setzen chinesische Unternehmen mit Hilfe von Subventionen und vorteilhafter Kreditvergabe ihre Produkte in Europa unter Marktpreisen ab. Seit Jahren folgen chinesische Firmenübernahmen und Investitionen in Europa einer strategischen Agenda, ohne dass das Regelwerk in der EU ausreichende Eingriffsmöglichkeiten bietet. Dabei locken Investoren mit höheren Übernahmeprämien vor allem in kritischen Infrastruktursektoren wie Energie oder Kommunikationsnetze und bei sensiblen Hochtechnologien wie Robotik oder Raumfahrt. Bei den Patenten schränkt Peking die Rechte europäischer Unternehmen an Schlüsseltechnologien (wie

3G, 4G und 5G) stark ein, indem diese von chinesischen Mobiltelefonherstellern illegal oder ohne angemessenen Ausgleich genutzt werden. Und bei der Vergabe öffentlicher Aufträge kommt es nicht selten vor, dass europäische Unternehmen nicht nur benachteiligt, sondern durch willkürliche Vorschriften und Genehmigungsvorbehalte sogar vom chinesischen Beschaffungsmarkt ausgeschlossen werden, während die bisherige Praxis in Europa chinesischen Anbietern freien Zugang gewährt. Allein die Größe des chinesischen Marktes hat weltweit erfolgreiche US-Unternehmen wie Google, Facebook oder Twitter zum Teil erhebliche Zumutungen und strukturelle Vorteile ihrer chinesischen Konkurrenten in Kauf nehmen lassen. Mit anderen Worten, China verstößt seit Jahren systematisch gegen den Geist und die Grundprinzipien der WTO: Reziprozität und Nichtdiskriminierung, insbesondere Meistbegünstigung.

Vor diesem Hintergrund wird deutlich, dass Amerikas Handelskrieg mit China seine Berechtigung und seinen Sinn weniger über Schutz- oder Strafzölle zur Verbesserung der eigenen makroökonomischen Position erhält – wirtschaftlich hat er China nicht über Gebühr geschadet und den USA nicht genutzt, zumal er das Bündnis mit Partnern und das Ansehen Washingtons erheblich belastet hat. Entscheidender, und das gilt auch für Europa und Deutschland, wie wir im nächsten Kapitel sehen, ist, dass Amerikas Kurswechsel in der Handelspolitik vor allem in Chinas aggressiver Handels-, Cyber- und Technologiepolitik sowie seinen Machtansprüchen insbesondere im Indo-Pazifik begründet liegt. Diese zielt bewusst darauf ab, die Verbindungen zwischen den technologischen Supermächten zu kappen und somit die Welt in eine chinesisch und US-dominierte Tech-Sphäre aufzuteilen. Die Konsequenz wären zwei unterschiedliche Arten von technologischer Standardisierung, getrennte Lieferketten und die Zersplitterung des Internets. Googles Betriebssystem Android liefe nicht mehr über chinesische High-End-Produkte, Europa und andere Weltregionen müssten sich für eine der beiden Seiten entscheiden oder ihre eigenen Tech-Standards entwickeln.

Solche Szenarien waren vor allem in der amerikanischen Tech-Branche bis vor kurzem kaum vorstellbar angesichts der Tatsache, dass beispielsweise das gesamte Apple-Reich ohne globale Arbeitsteilung mit der zentralen Rolle Chinas und einiger anderer asiatischer Länder gar nicht denkbar wäre. Der Schutz der eigenen kritischen Infrastruktur, geistigen Eigentums oder von technischem Know-how insbesondere in sicherheitsrelevanten Sektoren, die Überwachung anderer Staaten bzw. der Export von entsprechender Technologie in solche mit strategischen Abhängigkeiten sind heute aber existenzielle Interessen eines jeden Handelsstaates. Insoweit ist es auch müßig zu fragen, wo im Einzelfall von fairen oder unfairen Praktiken die Rede sein kann. Auch für die USA war und ist Spionage im Cyberspace genauso allgegenwärtig wie der Einsatz von Sanktionen oder die Kontrolle über das internationale Finanzsystem. Die NSA manipuliert und hackt Hardware und Software auch im kommerziellen Bereich und sammelt Wirtschaftsdaten. Sie rechtfertigt dies allerdings damit, dass dies vor allem dem Zeck der Korruptionsbekämpfung und der Verfolgung des illegalen Handels mit dual-use-Gütern diene. Oder eben, dass dadurch Cyberangriffen abgewehrt würden wie erstmalig im Fall von Huawei 2007, als Washington präventiv dessen Hard- und Software manipulierte, um von ihm ausgehende Sicherheitsbedrohungen zu entschlüsseln.

Chinas Ambitionen hingegen gehen weiter. Es führt bewusst einen Handelskrieg im Sinne gezielter vom Staat zu verantwortender oder in seinem Auftrag lancierter unfairer Rechtsvorschriften und Verwaltungspraktiken, die gegen westliche Unternehmen gerichtet sind. Und ebenso unstrittig ist die mit solchen Maßnahmen verbundene politische Absicht einer Schwächung des Westens bzw. Ablösung der von Washington geprägten internationalen Ordnung. Insofern liegt die Bedrohung in der Verschmelzung zuvor voneinander getrennter Bereiche wie Sicherheit, Wirtschaft und Ordnung. Und insofern muss China als revisionistische Macht gesehen werden, welche schlicht nicht an dem von der Führung nach wie ungeniert propagierten Prinzip der friedlichen Koexistenz interessiert ist, sondern die bestehende globale Ordnung durch eine ihren Vorstellungen entsprechende ersetzen will. Schon 2013 konstatierte die Kommunistische Partei Chinas die Gefahr westlicher Ideen und Konzepte als gegen das eigene Land gerichtete, die durch gezielte Einschüchterungen ausländischer Regierungen und Unternehmen zu bekämpfen seien – durch Zwangsdiplomatie, Handels- und Investitionssanktionen, Boykotte oder willkürliche Verhaftungen bis hin zu staatlichen Drohungen im Fall unerwünschten Verhaltens oder zur Durchsetzung territorialer Ansprüche, wie sie vor allem im Indo-Pazifik angemeldet werden (Rudd 2022). Chinas geostrategische Karte umfasst heute nicht nur die von Indien traditionell reklamierten Gebiete Arunachal Pradesh und Aksai Chin, sondern Taiwan und fast das gesamte Südchinesische Meer; Malaysia, die Philippinnen, Indonesien, Brunei und Vietnam sind von Pekings willkürlich gezogener „Neun-Striche-Linie", mit der China seine Ansprüche in dem Meeresgebiet markiert, gleichermaßen betroffen.

Washington geht es darum vor allem um die eigene Technologieführerschaft und Sicherheit und um den drohenden geostrategischen Machtverlust in den betroffenen Regionen. Da KI, deep learning mittels künstlicher Netze und Cybertechnologie (Informationskriegsführung) heute nicht nur im militärischen Sektor Verwendung finden, sondern vor allem aus dem kommerziellen Bereich stammen,

## 3 Die geoökonomischen Karten der Zukunft

also Güter mit doppeltem Verwendungszweck darstellen, besteht ein enger Zusammenhang zwischen Globalisierung und nationaler wie internationaler Sicherheit. Und wo chinesische Tech-Unternehmen mit ihrer Software nachweislich Pekings militärische Modernisierung unterstützen, sind Investitions- und Exportkontrollen in Richtung von chinesischen Unternehmen mit Verbindungen zu Militär- und Überwachungstechnologie aus Sicht Washingtons ebenso notwendig wie der „Chips and Science Act of 2022" zur Entwicklung und Herstellung amerikanischer Halbleiter und Computerchips. Eine solche Politik des „de-risking" bedeutet keine Abkopplung von China – und auch keine Eindämmung Pekings. Beides würde der eigenen Wirtschaft nur schaden, so wie sich Peking gerade selbst am meisten schadet mit seinen Abschottungsplänen und dem Abwürgen privater Investitionen. Vielmehr zielt die US-Strategie darauf ab, das Land als bessere Alternative und nach wie vor offenen Markt auch für chinesische Produkte zu präsentieren. Eine solche Strategie verfolgten die USA auch im 20. Jahrhundert, um Systemwettbewerber erfolgreich abzuwehren. Während der großen Depression war lange nicht ausgemacht, dass die US-Wirtschaft die faschistischen Regime in Europa in den Schatten stellen würde, und Schwächeperioden und Zweifel am Prinzip offener Märkte erlebte Washington auch während des Kalten Krieges (Posen 2023). Am Ende aber setzten sich die USA jeweils über das Festhalten am Prinzip des Wettbewerbs durch. Auch deshalb sollte die EU US-Maßnahmen wie den „Inflation Reduction Act" vom August 2022 nicht gleich zu einem neuen Handelskrieg mit Europa hochstilisieren, sondern vielmehr mit dem eigenen „Chips Act" die Weichen für eine engere Zusammenarbeit mit den USA im Rahmen des „EU-US-Handels- und Technologierates" stellen.

# Die Verschiebung des Welthandels in Richtung Globaler Süden

Der amerikanisch-chinesische Handelskrieg hat massive Auswirkungen auf die Weltwirtschaft und den globalen Handel. Die Welt, in der wir leben, ist nicht länger die, in der das primäre Ziel allen Wirtschaftens möglichst effiziente Produktionsprozesse an den kostengünstigsten globalen Standorten sind. Das regelbasierte Welthandelssystem WTO als Motor und Steuerungsinstrument des globalen Handels steht vor einem Scherbenhaufen und wird sich so schnell wohl nicht erholen. Es basierte auf Vereinbarungen von weitgehend freiheitlichen demokratischen Staaten des Westens, die an die marktwirtschaftlichen Prinzipien privaten Unternehmertums und des Preismechanismus glaubten – Prinzipien, die vor allem China als größter Systemherausforderer, aber Mitglied der WTO, nicht teilt.

Es war daher nur eine Frage der Zeit, bis die seit Jahrzehnten gewachsene Ordnung und die sie seit 1945 tragenden internationalen Organisationen an ihre Grenzen stoßen würden, zumal auch der Westen seinen Teil dazu beitrug. Wie beispielsweise die regelmäßige Vorenthaltung von wichtigen Medikamenten in Afrika mit westlichen Verweisen auf WTO-Regularien zum Patentschutz im sogenannten Globalen Süden ankommt, kann man sich denken. Und dass Amerika und Europa ihre Agrarmärkte nach wie vor schützen, obwohl das WTO-Regelwerk ausdrücklich präferenzielle Vereinbarungen in Abweichung vom „Reziprozitätsprinzip" mit Drittsatten zulässt, ist ebenso ein Armutszeugnis wie die Tatsache, dass es der WTO bis heute aufgrund westlicher Widerstände nicht gelungen ist, die Hierarchien innerhalb der Mitgliedstaaten abzubauen. Schließlich sorgen die USA mit ihrer Blockade des Streitschlichtungsmechanismus seit 2017 dafür, dass der einzig funktionierende Mechanismus zugunsten von Staaten des Globalen Südens nicht mehr genutzt werden kann.

## 3 Die geoökonomischen Karten der Zukunft

Die Folgen dieser Entwicklungen sind verheerend, denn sie schlagen auch auf andere internationale Organisationen durch. Die Rückkehr der Großmachtpolitik lähmt mittlerweile auch die Vereinten Nationen, deren Bedeutungsverlust sich im vergangenen Jahrzehnt immer deutliche abzeichnete. Seit dem Syrienkrieg blockierten Moskau und Peking mehrere UN-Resolutionen gegen das Assad-Regime und nutzten den Rückzug des kriegsmüden Amerikas aus dem Nahen Osten, um ihren Einfluss in der Region zu vergrößern. Endgültig blockiert ist der UN-Sicherheitsrat spätestens seit Putins Intervention auf der Krim. Mit der offenen neoimperialen Politik Russlands und Chinas bleibt das Völkerrecht auf der Strecke und ist der Sicherheitsrat zur Bühne einer vor allem von Moskau angeleiteten antiwestlichen Stimmung des globalen Südens geworden. Sichtbar verstärkt hat sich dieser Trend infolge des Terrorangriffs der Hamas auf Israel. Binnen kurzer Zeit hat Israels Vergeltungsreaktion darauf zu einer Umkehrung der Opfer-Täter-Rolle geführt, bei der Israel von den meisten Schwellen- und Entwicklungsländern seinerseits zum neokolonialen Vorposten der USA bzw. des Westens erklärt wird.

In dem Maße, wie die VN oder WTO ihre Rolle als Säule der liberalen internationalen Ordnung eingebüßt haben, weichen alle Beteiligten auf alternative Formate aus und weichen den Multilateralismus weiter auf. Während der Westen von globalen „Allianzen der Demokratien" (Biden) zur Aufrechterhaltung einer wertegebundenen und auf dem Völkerrecht basierenden Sicherheitsarchitektur träumt, suchen Schwellenländer im von China und Russland dominierten BRICS-Format ihr Heil und hoffen auf eine von Peking und Moskau verheißene „gerechtere Ordnung". Im Fall der WTO wiegen die Kräfteverhältnisse dabei anders. Der Westen weicht angesichts der Schwierigkeiten, seine Interessen in der Welthandelsorganisation durchzusetzen, auf bilaterale und plurilaterale Freihandelsabkommen oder inter-regionale Abkommen aus, die im Globalen Süden oft als „zweitbeste Lösung" empfunden werden, da die Agenda unverändert vor allem von den großen Wirtschaftsmächten USA und Europa bestimmt wird. Auch deshalb sind es heute die Schwellenländer, die mehrheitlich noch an der WTO festhalten (Plagemann und Maihack 2023).

Verstärkt wird die Fragmentierung der globalen Ordnung schließlich durch die im Zuge des Machtkampfes zwischen den USA und China immer deutlicher werdende Herausbildung von drei separaten regionalen Märkten, wie sie oben bereits beschreiben wurde: einem um die USA herum zentrierten der Amerikas; einem von China dominierten asiatisch-pazifischen Markt; und schließlich einem europäischen, sofern das Gewicht der EU-27 als Ganzes zum Maßstab genommen wird – mit all seiner Ausstrahlkraft in Richtung des östlichen Teils Eurasiens.

Dieser Trend stärkt vor allem China. Der Grund dafür ist einfach: Asien ist definitiv die Region mit den besten Wachstumsaussichten in den kommenden Jahren. 9 der 10 größten Häfen, durch die der Welthandel läuft, liegen auf dem Kontinent. Und die meisten Umschlagplätze für den asiatischen Handel liegen in China. Mittlerweile beträgt der Handel der Länder der asiatischen Vereinigung APAC ein Drittel des weltweiten BIP, Tendenz steigend. Mit anderen Worten, ob in Indien, Indonesien oder Vietnam, überall kaufen wachsende Mittelschichten in diesen Ländern die auf dem Kontinent produzierten Waren, wobei vor allem der online-Handel zu größten Wachstumsmotor in der Region werden dürfte. Damit folgen die Länder dem Muster Chinas – weg von einem exportorientierten Wachstumsmodell hin zum Konsum.

Überlagert bzw. ergänzt wird dieser Trend zu separaten regionalen Märkten durch das Ringen der drei großen Wirtschaftsblöcke um die Gunst der unentschlossenen Staaten des Globalen Südens und an der Peripherie ihrer jeweiligen Einflusszonen in Zentralasien und in Afrika, im

**3 Die geoökonomischen Karten der Zukunft** 57

Nahen Osten und teilweise in Lateinamerika. Dass eben diese Staaten heute längst nicht mehr nur Spielball der Großmächte sind, sondern umgekehrt die Preise für strategische Partnerschaften (mit)bestimmen oder in die Höhe treiben, gehört ebenso zu den neuen geopolitischen Realitäten. Schmerzhaft ist diese Entwicklung vor allem für den Westen. Was als Verlust an Einfluss in diesen Ländern wahrgenommen wird, empfindet man dort als Gewinn an politischer, wirtschaftlicher und kultureller Autonomie. Insbesondere im Bereich der globalen Wirtschaft haben sich die Gewichte zu Lasten des Westens im letzten Jahrzehnt kontinuierlich verschoben. Indien ist mittlerweile zum größten Konsumentenmarkt und zur am schnellsten wachsenden Volkswirtschaft aufgestiegen, China der wichtigste Handelspartner für die Mehrheit der Staaten weltweit. Der Süd-Süd-Handel ist damit heute umfangreicher als der Nord-Süd-Handel, was wiederum dazu führt, dass die Länder des Globalen Südens mehr Handel untereinander als mit den Industriestaaten des Westens betreiben und dass auch für den Westen der Handel mit Entwicklungs- und Schwellenländern mindestens so bedeutsam ist wie der Nord-Nord-Handel (Mold 2023). Infolge dieser Entwicklungen sind chinesische Staatsfirmen heute Mehrheitseigner europäischer Häfen, asiatische Länder die größten Abnehmer von Öl und Gas aus den Golfstaaten und indische Unternehmer aus der britischen Industrie kaum noch wegzudenken. Brasiliens Agrarexporte gehen mehrheitlich nach China und nicht in den Westen und Putin ist zum größten Öl- und Gaslieferanten für Peking geworden. Selbst der traditionell vor allem von Europa dominierte afrikanische Markt ist heute zum begehrten Ziel indischer, chinesischer und türkischer Unternehmen geworden, weil man dort die Obsession von der chinesischen Schuldenfalle solange nicht teilt, wie Infrastrukturprojekte vorläufig raschere und konkretere Ergebnisse erzielen als westliche Allianzen, deren normative Auflagen unverändert als politische Bevormundung empfunden werden.

Weder wirtschaftlich noch politisch ist dieser Machtkampf für den Westen deshalb verloren. Man sollte ihn aber nicht mit dem Absolutheitsanspruch führen, wie man dies in der Vergangenheit vordergründig getan hat – obwohl man gleichzeitig gute Handelsbeziehungen zu eben jenen Ländern pflegte, die wie Brasilien, Indien oder Südafrika noch als Wertepartner bezeichnet wurden, als sie bereits zunehmend autokratischer geworden waren. Das kam vielerorts im Globalen Süden nicht gut an. Die Folgen spürt der Westen heute bei seinem Bemühen, eine globale Abwehrallianz gegen Putins Krieg in der Ukraine zu schmieden. Schrill hallt ihm der Vorwurf der Doppelmoral, Heuchelei und Belehrung entgegen: man berufe sich auf Völkerrecht und Normen, wenn es passe, übersehe aber die eigenen Regelverstöße geflissentlich, wenn die eigenen Interessen berührt sind. Die Kritik gipfelt schließlich in dem von Moskau und Peking gepflegten Narrativ, die regelbasierte Ordnung sei nichts anderes als ein zunehmend wirkungsloses Instrument zur Durchsetzung westlicher Hegemonie (Kleine-Brockhoff 2023).

Man darf diesem Narrativ nicht folgen, aber man sollte doch einräumen, dass die Lesarten eines missionarischen Liberalismus der vergangen drei Dekaden gescheitert sind. Dies gilt sowohl für die offensive amerikanische Variante, wonach Washington in Wilsonischer Manier die Demokratie in die Welt hinaustragen wollte, wie auch für die europäische Lesart, wonach die Welt im Sinne Jeffersons dem Beispiel des europäischen Einigungsprozesses folgen würde. Das bedeutet nicht, dass man selbst nicht weiter auf den Prinzipien der liberalen Ordnung bestehen und diese gegen Autokratien verteidigen sollte. Es bedeutet aber vor allem, die eigenen Ansprüche in Richtung eines ausgreifenden Universalismus zurückzuschrauben und die größer ge-

## 3 Die geoökonomischen Karten der Zukunft

wordene Bedeutung der Länder des Globalen Südens außerhalb ihrer eigenen Regionen anzuerkennen und ihr Bemühen um pragmatischen Interessenausgleich zu verstehen. Beispiel Indien: Dort teilt man zwar die amerikanische Sorge um den wachsenden chinesischen Einfluss im Indo-Pazifik und ein allzu starkes Zusammenrücken Pekings und Moskaus im Zuge des Krieges in der Ukraine, ist aber gleichzeitig aktives Mitglied der BRICS. Auch das Verhältnis zwischen Russland und China ist nicht spannungsfrei, wie deren Konkurrenz um die Vormachtstellung in Zentralasien zeigt. Anstatt darauf zu setzen, dass die Länder des Globalen Südens sich in eine gemeinsame Frontstellung gegen Russland und China begeben oder gar gegen sie gerichtete Sanktionen mittragen, sollte man sich daran erinnern, dass die meisten von ihnen durchaus Unterstützer des Multilateralismus und der Grundprinzipien der VN sind. Das schließt nicht aus, dass sie ihre eigenen strategischen Interessen gegenüber den Supermächten verfolgen, diese gegeneinander ausspielen und von ihren Offerten profitieren wollen. Andere – insbesondere erdölproduzierende Oligopole – schaffen Abhängigkeiten oder fallen aufgrund ihrer Schwäche in die Einflusssphäre einer Supermacht. Eine dritte Gruppe von Staaten schließt Koalitionen mit angehenden Imperien (wie China) und macht so den traditionellen Supermächten (USA) ihre Führungsrolle streitig. Gemein ist ihnen allen, dass sie sich längst wie China und Russland in einer multipolaren Ordnung wähnen, in der sie die Großmächte in einen geostrategischen Wettstreit um die Gunst künftiger Allianzen zwingen – mit durchaus unterschiedlichen außenpolitischen Mitteln: während die USA auf Koalitionen, finanzielle Unterstützung und Sicherheitspartnerschaften setzen, bietet Europa Entwicklungshilfe und Heranführung an den Binnenmarkt gegen entsprechende Reformen. China wiederum lockt mit Krediten und Infrastrukturprojekten.

Was sich auf der Metaebene vollzieht, ist dabei längst schon Realität auf der Mikroebene. Weltweit stellen sich Unternehmen mittlerweile auf eine veränderte, fragmentierte Welt ein, in der wechselseitig flexiblere bi- oder plurilaterale Arrangements dominieren und in der geopolitische Konflikte Unternehmensentscheidungen zunehmend bestimmen. Was wir erleben, ist die Devolution des globalen Wirtschaftssystems in einer Weise, wie sie global agierende Unternehmen zuvor nicht kannten. Einer Umfrage für die „Harvard Business Review" zufolge kommen die AutorInnen zu dem Ergebnis, dass die große Mehrheit amerikanischer CEOs ihre Unternehmen heute in politische wie soziale Fragen verstrickt sieht, dass diese eine aktivere Rolle bei der Gestaltung von Arbeitsrechts-, Umwelt- oder Fragen geistiger Eigentumsrechte spielen (müssen), und dass sie die Grenzen zwischen zivilen und militärischen Aktivitäten in den Bereichen kritischer Infrastruktur, Kommunikationsdienstleistungen, Energiesicherheit als zunehmend intransparent empfinden (Charan und McGrath 2023).

## Im Schatten der Supermächte – Europas Dilemmata

Wie kann sich Europa in diesem Machtkampf positionieren? Welche Rolle kann es spielen, um diesen Machtkampf zu entschärfen? Erst seit kurzem bemüht sich Europa, Chinas Abschottungspolitik und Ausbau seiner geoökonomischen Einflusssphäre etwas entgegenzusetzen, wohl wissend, dass man zwar die eigene Handlungsfähigkeit stärken kann, eine eigene, von China und den USA weitgehend unabhängige europäisches IT-Welt aber kurz- bis mittelfristig unrealistisch ist. Viel zu lange hat Europa vor allem Chinas Aufstieg zur Technologiemacht zugeschaut und sich dabei gleichzeitig in Abhängigkeit gebracht. Viel zu spät schlägt die Abhängigkeit jetzt in eine geradezu ängstliche Verteidigungshaltung um, statt eigene Trümpfe auszuspielen oder vielleicht sogar von China zu lernen. Hätte man genauer hingesehen, wäre einem nicht entgangen, dass China bereits seit einundeinhalb Jahrzehnten u. a. seine Elektroauto-Branche fördert und sich dabei den eigenen, im Vergleich zu Europa weniger fragmentierten Binnenmarkt zunutze macht. Europas Attentismus hat Peking damit geradezu eingeladen, erst in der Solar- und Windenergie und nunmehr auch im Bereich Elektroautos kritische Überkapazitäten entstehen zu lassen, die dem Land durchaus Probleme bereiten können. China könnte heute etwa doppelt so viele Elektroautos herstellen, wie im Land verkauft werden, was den Druck auf den europäischen Absatzmarkt zusätzlich verstärkt. Eben der Abbau solcher Überkapazitäten wurde auch zu einem entscheidenden Treiber bei der Seidenstraßen-Initiative.

Mittlerweile ist die Kommission unter ihrer Präsidentin von der Leyen zur treibenden Kraft geworden, um China, den USA und anderen Schwellenländern Paroli zu bieten. Mit ihren häufigen Besuchen in Washington ist sie dort zur wichtigsten Verbündeten im geoökonomischen Machtkampf mit Peking avanciert. Brüssel hat aus Trump, COVID und dem Ukrainekrieg gelernt und rüstet nicht nur rhetorisch auf. Immerhin gibt es mittlerweile so etwas wie eine Gesamtstrategie der EU zum Schutz der eigenen Wettbewerbsposition auf den globalen Märkten. Mit der „Investment Screening"-Verordnung (2020) der EU ist es fortan auch Deutschland nach Änderung seiner Außenwirtschaftsverordnung möglich, Unternehmensübernahmen aus Drittstaaten zu kontrollieren und ggf. zu verbieten. Mit dem „Internationalen Beschaffungsinstrument" hat die EU-Kommission erstmals einen rechtlichen Rahmen für den Zugang zum EU-Beschaffungsmarkt vorgeschlagen, der auch als Druckmittel für Verhandlungen mit Staaten zur Öffnung ihrer Märkte dient. Die gleiche Intention verfolgt ein Gesetzesvorschlag durch die Kommission, mit dem künftig wettbewerbsverzerrende staatliche Subventionen bekämpft werden sollen. Schließlich unterstützt die EU die G7-Initiative „Build Back Better World" (B3W) vom Juni 2021, mit der Privatinvestitionen in Infrastrukturprojekte in Entwicklungsländern angestoßen werden sollen, um Chinas Seidenstraße-Initiative etwas entgegenzusetzen.

Der Weg in die Transition von ökonomisch getriebener hin zu einer stärker außenpolitisch und geopolitisch motivierten Außenwirtschaftspolitik fällt der EU dabei aus mehreren Gründen schwerer als den USA, wo man auch unter Biden, und jetzt erst recht unter Trump keinerlei Anstalten macht, von der geoökonomischen Eindämmung Chinas abzurücken: *Erstens*, als Region, die wie keine andere weltweit vom internationalen Handel abhängig ist und deshalb auf die Einhaltung der Prinzipien der Offenheit mit Nachhaltigkeit pocht, kann sich die EU eine Entkopplung von den globalen Absatzmärkten nicht leisten. Knapp 16 % der weltweiten Exporte entfallen derzeit auf die EU27, gefolgt von China und den USA mit jeweils etwas über 10 %. Und auch bei den Importen von Waren und Dienstleistungen liegt die Union mit rund 13 % wiederum knapp vor den USA und China weltweit vorn (EU Statista 2022).

*Zweitens*, während die Chinapolitik in den USA zu den wenigen unumstrittenen Feldern im Kongress zählt, stößt die Union nicht zuletzt aufgrund zäher Abstimmungsprozesse und Differenzen unter den Mitgliedstaaten immer wieder an ihre Grenzen bezüglich einer einheitlichen Chinapolitik. Dies liegt nicht zuletzt an unterschiedlichen Abhängigkeiten der Mitgliedstaaten von China. Frankreich, Italien und Spanien exportieren gerade einmal die Hälfte des deutschen Volumens an Waren und Dienstleistungen nach China. Die Erlöse deutscher Großunternehmen in China belaufen sich auf 6 % des deutschen BIP und damit das Doppelte dessen, was die sechs nach Deutschland stärksten Volkswirtschaften gemeinsam generieren. Logisch, dass man in Berlin anders über „de-risking" oder gar „decoupling" denkt als anderswo in der EU.

*Drittens* teilen längst nicht alle Mitgliedstaaten in der EU die mehrheitliche Skepsis unter Republikanern wie Demokraten in Washington in Bezug auf Chinas Drohungen, sich Taiwan samt des global wichtigsten Halbleiterproduzenten TSMC einzuverleiben. Von einem Wendepunkt in Bezug auf einen Boykott von chinesischen Schlüsselindustrien im technologischen wie Softwarebereich, wie ihn Washington forciert, kann in Europa noch keine Rede sein. Die jüngsten Sanktionen, mit denen Washington Exportkontrollen für die Lieferung von Mikrochips und hoch spezialisierten Werkzeugmaschinen für die Chipfertigung erlassen und zudem Amerikanern und Greencard-Besitzern die Mitwirkung an der Entwicklung und Fertigung von Mikrochips verboten hat, könnten die chinesische Wirtschaft empfindlich treffen, da sie nicht nur gegen einzelne Unternehmen wie Huawei gerichtet sind, sondern gegen eine ganze Branche einschließlich der Künstlichen Intelligenz. Damit sind erstmals nicht nur kommerzielle, sondern auch militärische Interessen von den Sanktionen betroffen. Und damit reichte die amerikanische Kampfansage unter Biden sogar über die Maßnahmen seines Vorgängers Trump hinaus. So weit mag man in Brüssel sein, anderswo, allen voran in Deutschland, aber tut man sich unverändert schwer, China als sicherheitspolitische Bedrohung zu sehen.

*Viertens* hat Europa auch bei einer „de-risking"-Strategie mehr zu verlieren als die USA. Chinesische Firmen sind auch im direkten Vergleich mit den USA bei weitem die größten Versorger europäischer Konsumenten mit Gütern, allein in der ersten Hälfte 2023 machten sie fast 20 % aller

Importe in die EU aus. Bei der für die europäische Energietransition so wichtigen Herstellung von Lithium-Ionen-Batterien beträgt die Abhängigkeit gar 80 %. Etwas weniger kritisch, aber beträchtlich ist die Abhängigkeit bei den Investitionen: China hat sich seit 2010 konsequent in die europäische Infrastruktur eingekauft, sei es in Häfen (in wenigstens 10 Staaten), Stromnetze (v. a. in Portugal, Italien und Griechenland) oder Unterwasser-Telekommunikationskabel („peace cable" von Pakistan nach Frankreich). Auch wenn das Investitionsvolumen aufgrund der Umstrukturierung der chinesischen Wirtschaft hin zur Eigenentwicklung von Spitzentechnologien in den letzten drei Jahren nachgelassen hat, verblieb es mit rund 25 Mrd. jährlich zwischen 2020 und 2022 unverändert auf hohem Niveau.

*Fünftens* sind die Möglichkeiten der EU, europäische Unternehmen für ihre Initiative zu gewinnen, begrenzt. Schließlich ist es an Letzteren, die Pläne am Ende umzusetzen. Dazu bedarf es nicht nur politischer Überzeugungsarbeit, sondern vor allem entsprechender finanzieller Anreize bzw. öffentlicher Investitionsprogramme. Die wenigsten EU-Staaten haben dafür die notwendigen fiskalischen Spielräume. Umgekehrt erscheint die Androhung von Subventionsentzug oder gar Sanktionen im Falle eines allzu sorglosen Chinageschäfts bestimmter europäischer Unternehmen auch nicht die Lösung, könnte dies nicht nur die europäische Wirtschaft insgesamt schwächen, sondern Unternehmen auch zur Abwanderung aus Europa veranlassen – ganz abgesehen davon, dass eine solche Politik durch die Mitgliedstaaten implementiert werden müsste, was wiederum zu Verzerrungen zwischen den Volkswirtschaften führte.

*Sechstens* ist die Schaffung europäischer anstelle globaler Lieferketteeine kurzfristig unrealistisch. US-Unternehmen kontrollieren die Technologie zum Bau von fortgeschrittenen Halbleitern, was ihnen einen erheblichen strategischen Vorteil verschafft, dafür erforderliche Lieferketten

## 3 Die geoökonomischen Karten der Zukunft

in die USA zu verlegen. Europa ist davon meilenwert entfernt und bleibt somit in diesem Technologiesektor abhängig von den US. Auch deshalb sind die Brüsseler Anstrengungen in Richtung „de-risking" bzw. größerer Unabhängigkeit von kritischen Technologien gerade in diesem Bereich wenig vielversprechend. Gleiches gilt für andere kritische Güter außerhalb der Halbleiterbranche: Insbesondere bei Rohstoffen und kritischen Mineralien wird sich die Lage in der Chemie- und Elektroindustrie, aber auch im Maschinenbau für die EU sogar noch verschärfen, wenn sie sich nicht von einseitigen Abhängigkeiten löst und rasch nach alternativen Quellen und Technologien sucht und ihre eigenen Nischenfähigkeiten als Hebel nutzt. Auch deshalb hat die Kommission, nicht zuletzt als Antwort auf Lieferengpässe vor allem bei Medikamenten während der Pandemie, bereits 2021 insgesamt für 137 Produkte in sechs Wirtschaftsbereichen kritische Abhängigkeiten für Europa identifiziert und einem Stresstest unterzogen (darunter eben bei Rohstoffen, Batterien, pharmazeutischen Inhaltsstoffen, Wasserstoff, Halbleiter und Cloud-Technologie) und die Mitgliedstaaten aufgefordert, Vorschläge für die Aktivierung europäischer Lieferketten zu entwickeln (European Commission 2020).

Das Ergebnis war ernüchternd. Die Union ist bei den meisten Metallen zwischen 75 und 100 % von Einfuhren abhängig. Von den 30 Rohstoffen, die die EU als „kritisch" einstuft, werden allein 19 hauptsächlich aus China geliefert. Dazu gehören Magnesium, wo China fast ein Monopol hat (93 % aus China), Seltene Erden (98 %) und Wismut (93 %). Gerade für die von der Kommission geplante digitale und grüne Transformation sind diese Rohstoffe unerlässlich (Flach und Teti 2021). Gingen viele der kritischen Rohstoffe lange Zeit in Elektronik und Halbleiter, so kommen jetzt Batterien und grüne Technologie hinzu. Hinzu kommt, dass die dringend notwendigen Hochleistungschips im Halbleiterbereich immer mehr Elemente aus dem Periodensystem benötigen, solange sich die Gesellschaften nicht in einer effizienten Recyclingwirtschaft befinden. Bis 2030, so schätzt die EU, wird daher allein der Bedarf an Kobalt fünf Mal so hoch sein wie derzeit. Über den gleichen Zeithorizont soll sich der EU-weite Bedarf an Nickel zur Herstellung von für die E-Mobilität benötigten Lithium-Ionen-Batterien gar verachtzehnfachen. Wollte man diesen Bedarf wie von der Kommission geplant bis dahin auch nur in Teilen decken, indem die EU 10 % des jährlichen Bedarfs selbst produziert und 50 % der anfallenden kritischen Rohstoffe verfeinert, kann man sich den europaweiten Aufschrei von Klimaaktivisten angesichts der umweltbelastenden Konsequenzen ihrer Extraktion lebhaft vorstellen.

Heißt das also weitermachen wie bisher und darauf vertrauen, dass China angesichts eigener Abhängigkeiten und Verwundbarkeiten weiter liefert? Nein – all dies darf Europa nicht davon abhalten, den von Brüssel angekündigten Kurswechsel insbesondere gegenüber China vorzunehmen (Johnson 2023). Wie gerade der letzte Punkt zeigt, ist das Risiko politischer Erpressbarkeit viel zu groß. In Peking wird man weiter alles daransetzen, den Binnenkonsum anzuheizen und die Export-Abhängigkeit des Landes zu reduzieren. Das oben erwähnte Konzept der „zwei Kreisläufe" (*dual circulation*) soll künftig die Marschrichtung für Chinas Volkswirtschaft werden und das Reich der Mitte weniger abhängig vom Warenaustausch mit den USA machen. Und, wenn nötig, auch von Europa.

Ob die angestrebte vertikale Integration der chinesischen Wirtschaft Erfolg hat, steht auf einem anderen Blatt. Nicht auszuschließen ist auch, dass die dadurch entstehenden Flaschenhälse in den genannten Schlüsselindustrien das Wachstumspotenzial negativ beeinflussen (Garcia-Herrero 2022). Momentan haben der radikale Kurswechsel hin zu mehr Binnenkonsum und weniger

### 3 Die geoökonomischen Karten der Zukunft

Investitionen in die Infrastruktur sowie die Pandemie einen negativen Trendeinfluss auf die Wirtschaft. Angesichts der gigantischen Verschuldung von Lokalregierungen, kollabierender Konzerne und Schattenbanken sowie der hohen Sparquote gelten nunmehr 4- statt 7–8-prozentige Wachstumsraten für die Wirtschaft als realistisch.

Fest steht aber, dass die hoch unsichere Entwicklung in China Europas Wirtschaft treffen wird. Dass diese bislang nicht explizit zum Ziel chinesischer Gegenmaßnahmen geworden ist, ist Pekings Kalkül geschuldet, einmal mehr einen Keil zwischen die transatlantischen Partner treiben zu wollen. Peking begreift wie Washington, dass das Ringen auf den Weltmärkten nur über das Schmieden von strategischen Partnerschaften zu gewinnen ist; sie entscheiden, wer im Kampf der Supermächte am Ende die Oberhand behält. Auch deswegen muss die EU ihre Abhängigkeiten reduzieren und die eigene Industrie stärker unterstützen. Das sehen mittlerweile mehrheitlich auch die Gesellschaften in den Mitgliedstaaten, einschließlich Deutschlands, so. Handelt man nicht jetzt, droht Europa in diesem Nullsummenspiel zwischen den wirtschaftlichen Supermächten USA und China abgehängt bzw. marginalisiert zu werden. Und allemal wäre es strategisch sinnvoll, diese Abhängigkeiten in einer Phase zu reduzieren, da China westliche Absatzmärkte und Technologie unverändert braucht. Nur so lässt sich Europas geoökonomisches Potenzial als politischer Hebel nutzen.

Dass dabei der Partnerschaft mit den USA dennoch eine zentrale Rolle zufällt, liegt auf der Hand. Schon jetzt lässt sich Pekings Seidenstraßeninitiative allenfalls im transatlantischen Verbund Paroli bieten (Pisani-Ferry 2021). Pekings weltweit größten Devisenvorräten, die zumal unverändert zum Großteil in amerikanischen Staatsanleihen angelegt sind, hat man finanziell allenfalls bei gemeinsamer Kraftanstrengung Vergleichbares entgegenzusetzen. Momentan setzt man in Washington wie Brüssel vor allem auf die Einsicht der Adressatenländer des Megaprojekts, dass die versprochenen Wohlfahrtsgewinne für alle am Ende einen hohen Preis haben dürften. So ist Chinas Investitionspolitik an politische Bedingungen geknüpft, die gefährliche Abhängigkeiten schaffen. Verträge sind meist undurchsichtig, gewähren allenfalls rückzahlbare Kredite und schließen Umschuldungen oftmals explizit aus. Nach zehn Jahren zeichnen sich immer größere Zahlungsausfälle im Umfang von knapp 80 Mrd. Dollar ab, die chinesische Kreditinstitute abschreiben oder nachverhandeln müssen. In immer mehr Fällen wird deutlich, dass Adressatenländer die von Peking verlangten Marktzinsen nicht zahlen können. Hinzu kommt, dass viele Infrastrukturprojekte weder ökonomisch sinnvoll noch nachhaltig sind, da chinesische Entwicklungsbanken gehalten sind, auf Druck der politischen Führung in Peking um jeden Preis Projekte zu akquirieren.

## Vom „Brüssel-Effekt" zu „de-risking"

Grundsätzlich wird die Abhängigkeit wie im Fall von Deutschland (siehe folgendes Kapitel) allzu sehr als einseitige dargestellt. Dabei ist bei wertschöpfungsbezogenen Import- und Exportanteilen am Handel China sogar immer noch etwas stärker von der EU abhängig als umgekehrt die EU von China. Unabhängig davon kommen gerade einmal 2 % der gesamten Wertschöpfung im EU-Endverbrauch aus China und auf der EU-Exportseite gehen 2 % (für Deutschland 2,7 %, vorwiegend in den Bereichen Chemie, Elektroindustrie, Maschinenbau und Metallprodukte) der gesamten EU-Wertschöpfung in den chinesischen Endverbrauch ein, wie eine Studie des Instituts der Deutschen Wirtschaft erst jüngst errechnete (Matthes 2022). Fast 75 % aller deutschen Industriegüter, bei denen Abhängigkeiten bestehen, stammen hingegen aus EU-Mitgliedstaaten.

## 3 Die geoökonomischen Karten der Zukunft

Die EU besitzt mit dem Binnenmarkt und seinen knapp 500 Mio. Konsumenten durchaus einen Wirtschaftshebel, den sie auch als starkes Instrument der Außenpolitik nutzen kann, ohne dabei die Prinzipien der Offenheit und Nachhaltigkeit aufzugeben. Als nach wie vor wichtigste Handelspartnerin für viele Länder (wichtigster Exportmarkt für die USA, Indien, Südafrika oder Russland und zweitwichtigster für China und Brasilien) und weltweit größter Entwicklungshelfer (mehr als die Hälfte allen Geldes für die weltweite Entwicklungshilfe) mit einem dreimal so hohen BIP pro Kopf wie China kann sie beträchtlichen Einfluss nehmen auf die Festlegung von internationalen Normen und Standards für Waren und Dienstleistungen.

Dieser sogenannte „Brussels Effect" (Bradford 2020) bedeutet, dass die EU ihre eigenen Vorschriften und Normen extra-territorialisieren und damit ihre Einflusssphäre ausweiten kann. Dies lässt sich vor allem bei der Datenschutz-Grundverordnung (2016) beobachten, die alle Cloud-Dienstleister zwingt, zum Schutz personenbezogener Daten gemäß Art. 28 der DSGVO die hohen Standards der EU umzusetzen. Die Tech-Giganten aus den USA, Japan oder Südkorea nehmen im Gegenzug für den Zugang zum EU-Binnenmarkt freiwillig eine Angleichung an diese Standards vor, um den ansonsten durch sprachliche, kulturelle und rechtliche Unterschiede zwischen den einzelnen EU-Ländern bedingten höheren Anpassungskosten zu entgehen. Google erzielt seine Milliardengewinne vor allem in Europa (Marktanteil 90 %), Facebook zählt mehr tägliche Nutzer in Europa (knapp 280 Mio.) als in den USA. Meta und Apple als größte Anbieter von Cloud-Computing-Diensten erzielen 22 bzw. 24 % ihrer Einnahmen in Europa (für beide nach den USA der wichtigste Markt). Und auch andere große Tech-Firmen geben Europa in ihren Jahresberichten als wichtigsten Auslandsmarkt an. Für sie alle gilt, dass der europäische Binnenmarkt mit einem Importanteil von 30 % aller globalen Dienstleistungen schlicht zu bedeutsam ist, als dass sie es sich leisten könnten, seine gesetzlichen Vorschriften zu ignorieren. Anders als im Gütermarkt können Dienstleistungsanbieter das Wegbrechen von Absatzmärkten nicht ohne weiteres auf anderen Märkten kompensieren. Technologiefirmen, die damit drohen, den Markt zu verlassen oder neue Dienste in Europa nicht einzuführen, ziehen sich in der Regel relativ schnell von dieser Position zurück.

Europas Regulierungsmacht im digitalen Bereich zeigt sich auch bei dem EU-Rechtsakt zur Cybersicherheit (2019), der erstmals einen einheitlichen Rahmen für die Zertifizierung von Informations- und Telekommunikationsprodukten und -diensten schafft, und beim Gesetz über Künstliche Intelligenz (2021), mit dem der weltweit erste Rechtsrahmen für diese Schlüsseltechnologie verabschiedet wurde. Schließlich setzt die EU global Maßstäbe mit ihrer Chemikalienverordnung, in der Klimapolitik, wo der geplante $CO_2$-Grenzausgleich immerhin dazu führte, dass den USA ein gemeinsames Schutzkonzept gegen „schmutzig" produzierte Stahleinfuhren abgerungen werden konnte, und in vielen anderen Bereichen wie Sondermüll, Abgasnormen, Tierversuche, Pflanzenschutz, Kartell- und Wettbewerbsrecht (Bradford 2020). Selbst China musste sich in den vergangenen Jahren solchen Vorschriften beugen. Dies hängt nicht zuletzt damit zusammen, dass das Land trotz der Größe seines Marktes, anders als die EU, seine ausschließlich für den chinesischen Markt produzierten Produkte aufgrund geringerer Standards und Normierungen nicht überall in der Welt verkaufen kann. Und es hat etwas damit zu tun, dass die europäischen Regulierungsbehörden über jeden Korruptionsverdacht erhaben sind und ihre Vorschriften für Industrie und Verbraucher nicht umgangen werden können, mit anderen Worten weniger elastisch sind als etwa Regeln im Bereich der Finanzwirtschaft.

## 3 Die geoökonomischen Karten der Zukunft

Zuletzt schickte sich die EU an, mit dem „Künstliche Intelligenz-Gesetz" („AI Act"), Regeln für KI zu entwickeln, mit denen man insbesondere den Unternehmen beikommen will, von denen die größten Anwendungsrisiken ausgehen. Dabei werden die besonders problematischen Verwender, die wie etwa *Social Scoring* aus China die eigene Bevölkerung zu systemkonformen Verhalten zwingen oder biometrische Überwachung betreiben, verboten, während alle anderen Anwendungen allenfalls mit geringen Auflagen versehen sind.

Der Sorge vor einseitigen Abhängigkeiten von Russland (Energie) oder China (wo tatsächlich in verschiedenen Produktkategorien aufgrund Chinas Monopolstellung wirtschaftliche Abhängigkeiten bestehen) kann man somit von europäischer Seite durchaus etwas entgegensetzen. Allerdings muss die EU aufpassen, dass sie sich mit ihrem Regulierungseifer nicht selbst schadet, indem sie Vorschriften erlässt, wo sie nicht zuständig ist, oder Prüfverfahren und Nachweise vorschreibt, wo der Bürokratieaufwand in keinem Verhältnis zum Nutzen steht. Die Gratwanderung besteht darin, die hohen Regulierungsstandards nicht zum Standorthindernis für Investitionen und Arbeitsplätze werden zu lassen und europäischen Konsumenten vergleichsweise höhere Preise aufzubürden als anderswo (Meyers 2023). Der mit großem Aufwand verabschiedete „Green Deal" der Kommission ist ein solches Negativbeispiel, wo Brüsseler Regulierungswut am Ende der eigenen Wirtschaft schaden könnte. Er sieht u. a. vor, dass mit der Wirtschaft künftig auch die Finanzmärkte grün werden. Wird er umgesetzt, ist das nachgeschobene Projekt der Taxonomie, mit dem alle Investitionsentscheidungen innerhalb des Binnenmarkts in grün oder nicht grün eingeteilt werden, überflüssig. Warum knapp 50.000 Unternehmen in Europa zur Abgabe weiterer Publikationen im Zuge eines sogenannten Nachhaltigkeitsreports gezwungen werden sollen, nachdem diese schon seit Jahren gehalten sind, ihre Ökobilanzen zu präsentieren, weiß nur die Kommission, bürdet aber vor allem mittelständischen Unternehmen unnötige zusätzliche Kosten auf. Ebenso wenig braucht es neue einheitliche Vorgaben der EU zu Mindestlöhnen oder Tarifverträgen, solange Sozial- und Arbeitsmarktpolitik weitgehend Sache der Mitgliedstaaten ist.

Ähnlich kritisch ist das KI-Gesetz zu bewerten. Die EU gibt zwar vor, dass 90 % der Anwendungen freigestellt wären, allerdings zieht sie keine klare Grenze zwischen gefährlicher und ungefährlicher KI. Branchenbetroffene warnen schon jetzt, dass die Auflagen weit mehr (50 %) betreffen könnten, was zu zusätzlichen Bürokratie- und Kontrollkosten führte. Die Botschaft, die aus solchen Warnungen folgt, ist bekannt. Bei aller berechtigten Klage über die Gefahren beispielsweise von generativer KI wie ChatGPT aber läuft die EU einmal mehr Gefahr, durch ihr Festhalten am Vorsorgeprinzip in der Wettbewerbspolitik Innovation zu behindern. Gleichzeitig aber setzen die USA auf Selbstregulierung und befördern damit die Innovationskraft der eigenen KI-Entwickler.

Solange daher Brüsseler Vorschriften nicht zu Lasten von Wirtschaftswachstum und fairen Wettbewerb gehen, ist das Potenzial der Union als globaler Standardsetzer erheblich. Strenge Regulierungsvorschriften im Bereich Umwelt haben innerhalb der Union darüber hinaus grünen Industrien durchaus einen Vorsprung verschafft. Das Fehlen großer Tech-Firmen in der EU ist vor allem dem mangelnden Risikokapital und den geringen Fortschritten bei der Vollendung des Binnenmarktes geschuldet. Zusätzlich verstärken ließe sich dieses Potenzial durch konsequentere Nutzung der eigenen technologischen Nischenkapazitäten und eine engere Zusammenarbeit mit den USA.

Letzteres liegt auch im Interesse Washingtons. Dort weiß man zwar um die Abhängigkeit Europas bei Zukunfts-

**3 Die geoökonomischen Karten der Zukunft**

technologien wie Cloud-Computing oder künstlicher Intelligenz vom eigenen Land und China. Andererseits fürchtet man wie oben beschrieben nichts mehr als Chinas wachsenden Einfluss auf technologische Regulierungsstandards. Peking liefert entsprechende technologische Infrastruktur und KI-gesteuerte Überwachungstechnologie an illiberale Adressatenländer der Seidenstraßeninitiative weltweit und untergräbt damit westliche soft power. Washington würde daher gleichermaßen von einer engen Zusammenarbeit mit der EU bei der Regulierung von Big Tech und der digitalen Wirtschaft profitieren. Und es weiß, dass es mit der EU gemeinsam nach wie vor rund 40 % des globalen BIPs in die Waagschale werfen kann, um den „Brüssel-Effekt" in Richtung einer „grünen" Transformation und Digitalisierung der Wirtschaft zu verstärken (Orszag 2023). Auch deshalb stehen bisherige Meinungsverschiedenheiten zwischen beiden Seiten in Bezug auf Fragen des Kartellrechts, Datenschutz sowie der Besteuerung und Subventionierung der dafür notwendigen Technologien in Washington weit oben auf der Agenda für den transatlantischen Technologierat.

Hinzu kommt ein anderer Punkt: Die USA und Europa sollten ihre Zusammenarbeit schon deshalb verstärken, weil das nun als Allheilmittel zur Reduzierung der Abhängigkeiten vor allem von China angepriesene „de risking" im Sinne von Diversifizierung der Lieferketten zwar richtig, aber keinesfalls eine Garantie für mehr Stabilität und Sicherheit ist. In Europa zielt man besonders auf die sudostasiatischen Märkte zur Stärkung der eigenen Resilienz. Was in der Theorie zunächst nach einer einfachen Lösung klingt, ist in der Praxis aber auch mit Unsicherheiten verbunden. Dies zeigt ein Blick auf die Entwicklung in den USA. Dort haben Unternehmen seit 2018 begonnen, ihre Geschäfte mit einigem Erfolg in Richtung der ASEAN-Staaten zu verlagern. Doch was sich zunächst positiv in den Bilanzen ausweist, konnte nicht verhindern, dass sich der

Handel zwischen den ASEAN-Staaten und China im gleichen Zeitraum ebenfalls ausgeweitet hat. Die großen Gewinner dieser Handelsverschiebungen sind somit vor allem die südostasiatischen Länder, die sich nicht nur nach allen Seiten absichern (hedging) und damit den Preis nach oben treiben können, sondern die darüber hinaus zur wichtigen Umschlag- und Transitregion für chinesische Waren Richtung USA geworden sind. Mit anderen Worten, trotz statistischer Erfolge sind die USA seither nicht weniger abhängig geworden von China. Europa sollte angesichts dieser Erfahrung um die Gefahren wissen, die von einer möglichen, im strategischen Interesse Chinas liegenden Spaltung des Westens ausgehen. Für Peking jedenfalls ist die anhaltende ökonomische Abhängigkeit Europas von China die beste Versicherung gegen mögliche EU-Sanktionen.

Unabhängig von der Regulierungsmacht und der Notwendigkeit einer Zusammenarbeit mit Washington zur Reduzierung der Abhängigkeiten in der Digitalökonomie bleibt die EU mit ihren Stärken in der Grundlagenforschung und den industriellen Anwendungstechnologien ein wichtiger Markt sowohl für China wie auch für die USA. Und so sehr umgekehrt der chinesische Absatzmarkt auch für Europa von zentraler Bedeutung ist, so sehr bleibt er für europäische Unternehmen insgesamt beschränkt. Im EU-Durchschnitt erwirtschafteten Letztere vor COVID (2019) etwa 11 % ihres Umsatzes in China (Zenglein 2020). Vor allem im Bereich Investitionen und technologisches Knowhow zählt die EU neben China nach wie vor zu den größten Arbeitsplatzbeschaffern und könnte umgekehrt China mit der Einführung der geplanten Investitionskontrolle zur Verhinderung von Übernahmen von Schlüsseltechnologien empfindlich treffen. Gleiches gilt im Bereich Wirtschaftssanktionen, deren Effizienz die Kommission durch bessere Erkenntnisse über ihre Ziele und schnellere Durchsetzung (sowohl bei der Abwehr von Sanktionen wie auch bei

Gegensanktionen) erhöhen will. Auf dem Weg dorthin darf man sich gerade vor dem Hintergrund der nach wie vor starken Marktzugangsbeschränkungen, dem unzureichenden Schutz von geistigem Eigentum und auch der Verletzung von Menschenrechten nicht beirren lassen.

Ein erschwerter Zugang chinesischer Investitionen im Sinne der Reziprozität ist auch deshalb notwendig, da die EU und Deutschland ihre Handelsanteile mit China in den letzten Jahren immer weiter ausgebaut haben, während gleichzeitig China diese im Sinne seiner „Zwei Kreisläufe-Strategie" sukzessive verringert. Das aber macht die EU mittelfristig und Deutschland schon heute relativ abhängiger von China als umgekehrt. Auch deswegen muss diese Abhängigkeit reduziert werden, nicht im Sinne einer Abkopplung, aber eben durch Diversifizierung und die Fähigkeit, Angebotskrisen auf den globalen Märkten flexibler zu überwinden (Brunnenmeier 2021) – indem Unternehmen Vorräte anlegen wie Banken ihr Eigenkapital vergrößern, durch autonome regionale Fertigungsketten zur Verringerung der Zahl der Transporte und des $CO_2$-Ausstoßes, wo dies möglich ist, durch alternative Lieferwege, mehr Investitionen in Schlüsseltechnologien oder das Auftun zusätzlicher Geschäftspartner. Dabei muss zwischen kurzfristig notwendigen Maßnahmen und langfristig realistischen Zielen unterschieden werden. So ambitioniert Initiativen wie der „EU Chips Act" mit einem Fördervolumen von insgesamt 43 Mrd. € auch klingen und so begrüßenswert sie politisch seien mögen, so wenig sind sie realisierbar, wenn sie nicht von pragmatischen Übergangslösungen begleitet werden. Europa in der Fertigung hochmoderner Halbleiter bis 2030 zurück in die Weltspitze zu bringen, indem man Forschung und industrielle Nutzung fördert, Lieferengpässe künftig besser überwacht, notfalls direkt in die Produktion eingreift sowie Investitionen anziehen und Produktion in der EU ausweiten will, klingt gut. Angesichts fehlender Rohstoffe, der Abhängigkeit von Importen und hohen Arbeitskosten ist die Umsetzung des Projekts aber mit großen Schwierigkeiten verbunden.

Was also kann Europa tun? Die naheliegende wie einfache Antwort läge zunächst in der sattsam bekannten Forderung nach der Durchsetzung des Mehrheitsprinzips in allen Fragen der Außenwirtschaftspolitik und damit verbunden einer tieferen wirtschaftlichen wie finanziellen Integration, sprich Ausweitung des EU-Haushalts in Richtung einer europäischen Industriepolitik. Während Letzteres wohl mit den größten politischen Hindernissen verbunden ist, nimmt die Europäisierung der Außenwirtschaftspolitik allmählich an Fahrt auf. Obwohl die Handelspolitik zu den vergemeinschafteten Feldern in der EU gehört, also jenen, in denen qualifizierte Mehrheitsentscheidungen grundsätzlich möglich sind, fallen Handelsfragen, die von sicherheitspolitischer Relevanz sind, nach wie vor in die mitgliedstaatliche Kompetenz. Ein solches nationales Vorbehaltsrecht aber ist in Zeiten globaler geoökonomischer Machtkämpfe nicht länger tragbar. Und es kann selbst im Fall richtiger einzelstaatlicher Entscheidungen bei weitem nicht die Durchschlagkraft entfalten, wie dies EU-Entscheidungen können.

Die Anfang 2023 von den Niederlanden verhängten Exportbeschränkungen auf Technologie für die Herstellung von Computerchips beriefen sich zwar auf die EU-Verordnung zur Exportkontrolle von „dual use-Gütern" (2021) mit dem Ziel, eine militärische Nutzung zu verhindern und die Position der Niederlande bei solchen Technologien zu schützen. Betroffen von den Beschränkungen war vor allem das in den Niederlanden ansässige Unternehmen ASML. Die größte Firma für Halbleitertechnologie in Europa stellt sogenannte Lithografiemaschinen her, welche die Grundlage jeder Chipproduktion sind. Das Problem aber ist, dass die EU-Verordnung einen sehr engen Fokus

## 3 Die geoökonomischen Karten der Zukunft

auf dual use-Güter legt, indem sie vor allem zugeschnitten ist auf die Verhinderung der Proliferation von Waffen. Damit aber werden die Möglichkeiten der EU für eine effektive Handelsbeschränkung von Technologien in den Bereichen der Halbleiterindustrie, „saubere Energien", Biotechnologie oder Robotik, die nicht unter diese Kategorie fallen, aber von entscheidender Bedeutung für die wirtschaftliche Sicherheit der EU sind, erheblich eingeschränkt. Nur mit entsprechender Kreativität und durch eine extensive Auslegung der EU-Verordnung gelang es den Niederlanden schließlich ihre eigenen Exportbeschränkungen umzusetzen – was nach wie vor nicht ausschließt, dass der Fall am Ende bei der WTO landet. Viel entscheidender aber ist, dass der niederländische Alleingang an der Seite der USA jederzeit an Wirkung durch die Entscheidungen anderer Mitgliedstaaten einbüßen kann. Liefert beispielsweise Deutschland weiterhin die für die Herstellung der niederländischen Maschinen notwendigen optischen und Laserkomponenten der Firmen Zeiss und Trumpf nach China, würden die niederländischen Exportbeschränkungen zumindest empfindlich unterlaufen und könnten damit den potenziellen europäischen Wettbewerbsvorteil zunichte machen.

Dabei verfügt die EU als Ganzes mittlerweile durchaus über Kontrollinstrumente im Bereich kritischer Technologien – wie etwa die o.e. Investitionskontroll-Vereinbarung, Exportkontrollen oder Schutzvereinbarungen bei der internationalen Forschungskooperation. Das Beispiel des unlängst eingeführten Instruments zur Abwehr von Zwangsmaßnahmen durch Drittstaaten (Anti-coercion instrument – ACI) weist in die richtige Richtung: Diese Regelung gibt der EU als Block die Möglichkeit, Exportkontrollen im Fall von solchen Zwangsmaßnahmen zu verhängen – sie ist also im besten Sinn ein strategisches Instrument, das über die rein ökonomischen und sozialen

Ergebnisse hinaus die sicherheitspolitischen Konsequenzen wirtschaftlicher Zusammenarbeit berücksichtigt. Wer künftig im Technologiewettstreit die Nase vorne hat, ist vor allem eine Frage von sicherheitspolitischer Relevanz, und so sollte man sie in Europa auch behandeln. In diesem Sinne wäre die Einrichtung eines EU-Kontrollinstruments oder -Ausschusses für alle sicherheitsrelevanten Technologien, welcher eine bessere Koordinierung nationaler Sicherheitsinteressen mit der Wirtschaftspolitik der EU gewährleistet und im Idealfall auch die Verhängung von Exportrestriktionen ermöglicht, ein Schritt weg von dem bislang reaktiven Charakter europäischer Außenwirtschaftspolitik hin zu einer pro-aktiveren geoökonomischen Rolle der EU auf den globalen Märkten (Gehrke und Ringhof 2023). Dies hat sicherlich seinen Preis. Nur so aber werden chinesische Gegenmaßnahmen wie etwa die jüngsten Exportrestriktionen von Gallium, Geranium und Grafit als wichtige chemische Elemente für die Herstellung von Halbleitern auch für Peking zu einem höheren Risiko.

Einen weiteren Hebel besitzt die EU über den gezielten Einsatz ihres Nischenpotenzials dort, wo Drittstaaten ihrerseits in einem Abhängigkeitsverhältnis zur Union stehen. Europa verfügt über keine Technologieführerschaft in den für die digitale Wirtschaft zentralen Bereichen. Es verfügt weder über die Fähigkeiten noch die Ressourcen zur Kontrolle des Produktionskreislaufs ganzer Sektoren und unbestritten führte jeder Ehrgeiz in diese Richtung zu einer weiteren Verschärfung des globalen Subventionswettlaufs in einer Zeit, da die fiskalischen Mittel der EU durch die Priorisierung des Klimawandels und den Wiederaufbau der Ukraine ohnehin erschöpft sind. Will die EU daher ihren geoökonomischen Einfluss erhöhen, muss sie ihre Führungsposition zumindest in den spezifischen Technologiesegmenten sichern, die zentral sind für die Hauptlieferketten der Weltwirtschaft. Auf diese Weise lässt sich die eigene

Verwundbarkeit und Abhängigkeit zumindest teilweise abfedern und eine gewisse Abschreckungsfähigkeit gegenüber Zwangsmaßnahmen Dritter entfalten.

Im Bereich kritischer Rohstoffe beispielsweise spielt die EU eine zentrale Rolle bei der Entwicklung von Technologien zu deren Abbau, Verarbeitung und Recycling. Europa stellt die Unternehmen mit der modernsten Abbau- und Recyclingausrüstung und verfügt damit über die Technologieanbieter, die zentral sind für diesen Industriezweig. Und so sehr der europäische Standard bei der Lieferkettenverantwortung Unternehmen auch kurzfristig zusätzliche Lasten aufbürdet, so sehr könnte der unumkehrbare Trend zu nachhaltigeren Lieferketten ihnen mittelfristig Wettbewerbsvorteile durch Technologieführerschaft bescheren. Immer mehr Unternehmen sehen Lieferkettenverantwortung daher nicht nur als Kostenfaktor, sondern auch als strategische Chance, sich einen Wettbewerbsvorteil zu verschaffen, engere Verbindungen zu Lieferanten herzustellen und die Versorgung mit Rohstoffen und Vorprodukten zu sichern. Im Bereich der Quantentechnologie besitzt die Union in der Anwendung wesentliche Wettbewerbsvorteile in Form von Speziallinsen, und -Lasern, Klebstoffen, Kühlsystemen oder Einzelphotonendetektoren. Im Halbleitersektor könnten der niederländische Konzern ASML und die deutschen Unternehmen Zeiss und Trumpf wie erwähnt die Speerspitzen einer insgesamt bedeutenderen Rolle der EU auf diesem Technologiefeld bilden. Die Telekommunikationsversorger Nokia und Ericsson gehören neben Huawei zu den Weltmarktführern im Bereich 5G Netzwerke, müssen ihre Position mittelfristig aber wohl gegen Konkurrenten verteidigen, wenn im Zuge des Technologiekonzepts „Open Ran" zusätzliche und offene Schnittstellen für Wettbewerber entstehen. Schließlich besteht gerade im Fall von China nach wie vor eine große Abhängigkeit von Europa bei industriellen Maschinen, Werkzeugen zur chemischen und physikalischen Analyse bis hin zu militärisch relevanten Elementen in der Raumfahrtindustrie.

Das größte Potenzial für Europa im geoökonomischen Wettstreit mit China und den USA liegt zweifelsohne im Bereich grüner Technologien. Auch wenn die Sorge vor einem Subventionswettlauf mit den beiden Supermächten groß ist, ist Europas Exportanteil (23 % in 2022) an „grünen" Gütern bereits beträchtlich – zwar geringer als der Chinas (34 %), dafür aber allemal größer als der des US-Partners (13 %), dessen Aufholprozess erst unter der Biden-Administration begonnen hat. Dabei fällt die eigene Abhängigkeit in Bezug auf die sechs wesentlichen Produkte der grünen Zeitenwende (Elektroautos, Batterien, Wärmepumpen, Solarpanels, Windturbinen und Elektrolyseure) unterschiedlich aus.

China ist unbestrittener Weltmarktführer beim Abbau und der Verarbeitung von kritischen Rohstoffen, welche für die Herstellung von Batterien, Windturbinen und Solarpanels notwendig sind. Es baut rund 70 % der globalen Naturgrafite und 66 % der Seltenen Erdelemente ab, kontrolliert ein engmaschiges Netzwerk von Minerallieferverträgen mit Ländern Süd- und Westafrikas, Ozeaniens und Lateinamerikas, welches seine eigene Recyclingindustrie versorgt, dominiert mit einem globalen Marktanteil von 85 % auch bei der Verarbeitung von Seltenen Erden und gehört außerdem zu den Weltmarktführern bei der Verarbeitung von Silikon und Kobalt. Damit sichert sich das Land auch auf der Herstellerseite eine unbestrittene Monopolstellung in Bezug auf EU-Importe von Batterien (82 %), Windturbinen (90 % bei für die Herstellung notwendigen Permanentmagneten) und Solarpanels (90 %) (Garcia-Herrero et al. 2023). Kompensieren lässt sich diese nicht von heute auf morgen, unabhängig davon, wie ehrgeizig die Kommissionspläne auch sein mögen. Zumindest

## 3 Die geoökonomischen Karten der Zukunft

abfedern lässt sie sich allerdings, indem man eigene komparative Vorteile gegenüber China beispielsweise bei emissionsarmen grünen Gütern nutzt. Eine Reihe europäischer Mitgliedstaaten verfügt durchaus über solche Vorteile, unter ihnen die zentraleuropäischen, Dänemark und auch Deutschland mit dem höchsten Exportanteil im globalen Vergleich. Bündelt Europa seine Potenziale nicht zuletzt auch über die Förderung durch den EU-Haushalt, konsequenteren Ausschluss von Konkurrenten von öffentlichen Ausschreibungen, die die Spielregeln eines fairen Handels nicht einhalten, und kürzere Genehmigungszeiten für europäische Projekte, kann es in den Bereichen Dekarbonisierung der Industrie, grüne Technologien und Energiesicherheit durchaus auf den globalen Märkten konkurrieren und wenigstens in Reichweite des im „Net Zero Industry Act" vorgesehenen Ziels von 40 % aus heimischer Fertigung stammenden Wind- und Solaranlagen, Batterien und Wärmepumpen bis 2030 gelangen.

Der Vorteil, den der damit verbundene Trend zu lokalen Produktionsketten mittelfristig mit sich bringt, liegt auch in der zunehmenden Bedeutung von großen Distanzen für den Handel. In dem Maße, wie die Märkte reifen, Produktionsprozesse effizienter werden, Innovationen billigere und effektivere Produkte hervorbringen und Preise und Margen sinken, werden technologische Qualitätsunterschiede zwischen Wettbewerbern abnehmen. Die Folge, jeder Cent an Effizienzgewinn, den Hersteller verbuchen, ist entscheidend und da der Transport schwerer Güter wie Elektrofahrzeuge und Batterien auf Grund hoher Energiekosten künftig tendenziell teurer wird, nimmt auch der Trend zu regionaler Produktion zu (Springford und Tordoir 2023).

Standort- und komparative Vorteile wie im Bereich Elektrofahrzeuge oder dort, wo der chinesische und amerikanische Markt weniger offen für europäische Produkte ist als umgekehrt, müssen daher auch mit entsprechenden Gegenmaßnahmen verteidigt werden. Dies gilt vor allem dort, wo die stereotype Drohung Europas mit Antidumping- und Antisubventionsverfahren vor der WTO ins Leere laufen. Starke Signale für den Wert multilateraler Regeln an die globalen Partner verpuffen seit nunmehr fast zwei Jahrzehnten – und seither tritt auch die Doha-Welthandelsrunde der WTO auf der Stelle. China gibt knapp 2 % seines BIPs für gezielte Industriepolitik aus. Dabei reichen die Fördermaßnahmen von direkten Zuschüssen und Steuernachlässen über verbilligte Grundstücke und Kredite bis hin zu Zuschüssen für kommerzielle Förderung. Dazu kommt, dass der Staat mit Großeinkäufen der wichtigste Kunde vieler chinesischer Unternehmen ist. Um die Subventionierung eigener Industrien kommt man in einem derart unkooperativen globalen Wettbewerb auf den Weltmärkten nicht herum. Sie muss sich aber auf die Bereiche konzentrieren, in denen übermäßige Abhängigkeiten bestehen oder in denen harte Sicherheitsrisiken identifiziert werden, darf nicht nach dem Gießkannenprinzip und muss befristet erfolgen. Ein jüngstes Beispiel stellt der Markt für Windturbinen dar. Auf ihm sind enorme Skaleneffekte zu erzielen, ähnlich wie in der zivilen Luftfahrt. Airbus und Boeing dominieren letzteren global, und Amerika und Europa befinden stehen bereits seit langem in einem massiven Subventionswettbewerb. Und solche Subventionen müssen zeitlich begrenzt in solche Sektoren fließen, wo es um die sogenannte Anschubfinanzierung von Unternehmen geht. Die Unsicherheiten, die im Zusammenhang mit der Versorgung Europas mit grünem Wasserstoff herrschen, verhindern private Investitionen und erfordern daher Anreize durch öffentlich angestoßene Projekte. China unterstützte die europäische Forschung und Entwicklung in Sektoren wie Photovoltaik und Fahrzeugen, indem es EU-Unternehmen ermutigte, in Produktionsanlagen in China zu investieren und Joint Ventures zu nutzen, um technologisches Know-how zu gewinnen. In diesem Kontext ist die Kontrolle und gegebenenfalls Einschränkung von Direktinvestitionen eine überfällige Maßnahme zum Schutz der europäischen Wirtschaft.

## „Global Gateway" und die Suche nach strategischen Partnern

Einschränken lässt sich die Abhängigkeit von der Rohstoffgroßmacht China ansonsten vor allem durch die Ausweitung bzw. Diversifizierung von Handelspartnerschaften der EU (Alcidi und Kiss-Galfalvi 2023). Beides ist mit Kosten wie Risiken behaftet, aber sowohl in Bezug auf den Handel mit Gütern und Dienstleistungen wie auch bei den Direktinvestitionen unerlässlich. Will man die ehrgeizigen Ziele der Kommission allerdings erreichen, bei der Versorgung mit strategisch wichtigen Rohstoffen von keinem Land zu mehr als 65 % abhängig zu sein, bis 2030 wenigstens 10 % des Jahresbedarfs in Europa abzudecken und davon 40 % in der EU zu verarbeiten und raffinieren, kann man es sich nicht leisten und darf Stimmungen derer nicht nachgeben, die der Union gleichzeitig empfehlen, künftig allenfalls mit befreundeten Staaten „wertegeleiteten" Handel zu treiben. Eine solche Haltung wäre fatal und kontraproduktiv für einen vergleichsweise energie- und rohstoffarmen Kontinent, der sich aus klimapolitischen Gründen selbst jahrzehntelang gar nicht erst Gedanken darüber gemacht hat, Abhängigkeiten durch eigene Ressourcengewinnung abzubauen. So richtig es ist, konsequenter die geopolitische Dimension einer bislang auf die operative Sicherheit fixierten Lieferkettenpolitik zu berücksichtigen. Ein Umsteuern im Sinne des radikalen Ausschlusses von illiberalen Systemen mag politisch verständlich erscheinen, ist aber ökonomisch fahrlässig, da es mit hohen finanziellen Kosten und einer erheblichen Vorlaufzeit verbunden ist. Wo möglich, sollte es Unternehmen überlassen bleiben, wie sie aufgrund eigener Risikobewertungen ihre Lieferketten am Ende gestalten. Auch für die USA bedeutete Bidens Vorschlag einer globalen Allianz der Demokratien nicht, dass Washington es sich bei der Wahl seiner Handelspartner leisten kann, nur auf „Gleichgesinnte" zu setzen. Schon vor der Rückkehr Trumps gingen Schätzungen von einer möglichen Verlagerung im Umfang von 25 % der globalen Liefer- und Warenströme aus, deren Kosten sich auf über 4 Billionen Dollar jährlich beliefen (Maihold 2022). Ob eine solche die erhoffte größere Sicherheit bringt, darf so oder so bezweifelt werden. Zu erwarten ist vielmehr ein erneuter globaler Wettbewerb um günstige Lohnkosten, geeignete Produktions- und Transportinfrastrukturen und steuerliche Anreize vor allem zwischen Europa und den USA. Beide Seiten schauen im Ringen um geringere Interdependenzverwundbarkeiten und „verlässlichere" Handelspartner auf die gleichen Länder: Australien, Indonesien, Malaysia und Vietnam im indopazifischen Raum, Kanada und Mexiko in den Amerikas, Rumänien und Bulgarien sowie die Mittelmeerstaaten in Europa. Ob Trumps Handelspolitik dabei Europa eine bessere Ausgangsposition verschafft, weil er auch Partnerländer nicht vor Zollerhöhungen verschont ( wie im Fall Mexikos und Kanadas), wird sich zeigen.

Auf jeden Fall ist mehr Pragmatismus bei der Diversifizierung von Handelspartnern aus EU-Sicht dringend erforderlich. Europa braucht anreizkompatible Partner, also solche, die gleichsam ein Interesse an der Umrüstung ihrer Wirtschaften in Richtung einer stärkeren Einbindung in grüne Lieferketten haben – allemal eine günstigere Option für Brüssel als „reshoring". Diese Option ist von beiderseitigem Nutzen, solange Europa darauf achtet, dass die eigenen Hilfsgelder nicht in vielen überschuldeten Ländern dazu verwendet würden, die in Finanzierungsschwierigkeiten steckenden Projekte der „Seidenstraßen-Initiative" fertigzustellen. Staaten mit großen Vorkommen an kritischen Rohstoffen wie Kongo, Sambia oder Namibia können auf diese Weise ihre eigene Abhängigkeit von nur einem oder wenigen Abnehmern reduzieren und damit ihre Verhandlungsposition auf den Märkten stärken, während sie gleichzeitig in der Wertschöpfungskette der „Clean-Tech"-Produktion aufstiegen. China, selbst weltweit größter Produzent und Lieferant kritischer Rohstoffe, ist dennoch größter Abnehmer seltener Erden aus Namibia und baut diese dort darüber hinaus auch noch durch eigene Unternehmen illegal ab – mit dem Ziel des Ausbaus der eigenen Monopolstellung auf globaler Ebene.

Um solche Abhängigkeiten zu reduzieren, will Europas „Global Gateway Initiative" alternative Transportkorridore zu Chinas Seidenstraßenprojekt schaffen, um Adressatenländern zu helfen, ihre Rohstoffe auf den Weltmarkt zu bringen; der geplante „India-Middle East-Europe Economic Corridor" (IMEC), der den bisher über den Seeweg (Suez-Kanal) abgewickelten Handel zwischen Indien und Europa durch neue Routen über Griechenland und Israel ergänzen soll, ist ein erstes konkretes Projekt, mit dem Europa aus dem geopolitischen Schatten Chinas heraustreten will. Darüber hinaus kann Europa diesen Ländern helfen, bei der Veredlung und Herstellung solcher Rohstoffe eine größere Rolle zu spielen. Gerade für fortgeschrittene Industrieländer wie Australien und Kanada, die über entsprechende eigene Ressourcen verfügen, böte dies die Möglichkeit, sich somit einen komplementären Lieferkettenvorteil gegenüber Chinas Nachfragemonopol in diesem Bereich zu verschaffen. Staaten, die wie Indien, Mexiko oder die Türkei zwar über weniger Ressourcen, dafür aber reichlich kostengünstige Produktionskapazitäten verfügen, erhielten ihrerseits besseren Zugang sowohl zu Rohstoffen wie auch zu Märkten für Fertigwaren und könnten mittelfristig zu wichtigen strategischen Partnern Europas bei der Bündelung geistigen Eigentums (Patententwicklung) zur Herstellung sauberer Technologien aufsteigen.

Europa muss aufgrund seiner Ressourcenknappheit Interesse an einer solchen Aufwertung alternativer Rohstofflieferanten zu China haben, um der exzessiven Konzentration der Verarbeitung kritischer Rohstoffe in China wenigstens ein Stück weit entgegenzuwirken. Es ist nicht in der Lage, wie die USA kurzfristig große Subventionspakete zu mobilisieren, um die eigene Wirtschaft zu schützen, solange die Bereitstellung solcher Mittel Angelegenheit der Mitgliedstaaten ist. Staaten wie Deutschland verfügen über andere fiskalische Möglichkeiten als zum Teil hoch verschuldete kleinere Mitgliedstaaten in der EU. Der Binnenmarkt bleibt ein fragmentierter, solange sich an diesen Ungleichgewichten nichts ändert und der politische Wille zu einer gemeinsamen Fiskalunion fehlt, die ohne Finanzausgleich von den reichen zu den ärmeren Mitgliedstaaten oder gemeinsame makroökonomische Ordnungsvorstellungen nicht funktionieren kann. Gesamtperspektivisch scheinen da mögliche Kostennachteile, wie sie die Diversifizierung von Partnerschaften und Lieferketten mit sich bringt, vertretbar, zumal wenn sie auch zusätzliche private Investitionen in vergleichsweise stabilen Partnerländern nach sich zögen. Auf diese Weise setzt man weiter auf freien und fairen Handel, ob mit Gleichgesinnten, illiberalen Demokratien oder solchen Ländern, die zwischen den Blöcken stehen oder diese im Sinne einer gezielten Absicherungspolitik („hedging") nach beiden Seiten instrumentalisieren (bspw. Indien, Türkei), wird aber gleichzeitig resilienter gegenüber Sanktionen, die Peking, Washington oder andere Europa aufbürden, um eigene geopolitische und ökonomische Ziele durchzusetzen.

## 3 Die geoökonomischen Karten der Zukunft

Dabei bedeutet Resilienz auch den gezielten Einsatz von Gegenmaßnahmen. Die Prüfung von chinesischen Direktinvestitionen auf Vereinbarkeit mit nationalen Sicherheitsinteressen oder das von der EU geplante „Instrument gegen Zwangsmaßnahmen" sind notwendige Schritte im Wettstreit mit globalen Systemveränderern. Solange China sich umfassende Eingriffsmöglichkeiten beim Zugang von europäischen Unternehmen sichern will, solange es über sogenannte Negativlisten ausländische Investitionen in ganzen Branchen verbietet oder beschränkt, muss Europa umgekehrt auch seine eigenen Unternehmen schützen können. Dabei geht es nicht darum, Übernahmen durch Verbote oder Obergrenzen für Investitionsgarantien für deutsche Investitionen in China zu verhindern. Es geht darum, deutsche Unternehmen an der technologischen Weiterentwicklung durch chinesische Investoren im Sinne der WTO-Prinzipien eines allgemeinen Diskriminierungsverbots, der Meistbegünstigung und der Inländerbehandlung teilhaben zu lassen.

Immerhin bilden diese im Kern eine völkerrechtliche Garantie rechtsstaatlicher Mindeststandards im Umgang mit ausländischen Investoren, die jedes umfassende Investitionsabkommen enthalten sollte. Investitionen im Ausland zum Aufbau von Produktions- und Vertriebsstrukturen bergen immer ein Unternehmensrisiko, da sie mit hohen Anfangskosten verbunden sind. Investitionsentscheidungen brauchen daher separate Garantien in völkerrechtlichen Abkommen, um während dieser Zeit nicht auf das Recht und die Gerichte des Gaststaats zum Schutz vor übergriffigen staatlichen Maßnahmen angewiesen zu sein.

Eine solche Entschlossenheit wird Europa künftig auch im Umgang mit den USA an den Tag legen müssen. Ein Handelsabkommen mit den USA dürfte unter Trump erst einmal in weite Ferne gerückt sein, auch wenn es noch so vorteilhaft für beide Seiten wäre. Dass sich die USA und

Europa am Ende aber näherstehen als beide im jeweiligen Verhältnis zu China, braucht nicht eigens betont zu werden. Die Fortsetzung einer Äquidistanzpolitik im strategischen Verhältnis zu China und den USA vor dem Hintergrund der sich abzeichnenden Achse Moskau-Peking und Pekings Unterwanderungspolitik westlicher Demokratien kann daher auch unter Trump keine Option für die Europäer sein (Hamilton und Ohlberg 2022).

Das heißt keinesfalls blinde Gefolgschaft, wie Frankreich das politische Berlin zuletzt zu Recht in der Frage der sicherheitspolitischen Zusammenarbeit erinnerte. Wie schnell aus dem Verbündeten ein entschlossener Verteidiger der eigenen geoökonomischen Interessen werden kann, hat bereits die erste Trump-Administration gezeigt. Im Übrigen hat auch Biden Handelsbarrieren gegen das Ausbluten der amerikanischen Industrie befürwortet, und seien sie nur indirekter Natur. Wer Käufer von Elektroautos mit Steuergutschriften lockt, wenn sie zu 80 % in Amerika zusammengesetzt wurden, oder 80 % der für Antriebsbatterien notwendigen seltenen Erden künftig in den USA schürfen lassen will, der schottet seine Wirtschaft auch auf Kosten der Verbündeten in Europa ab. Mit dem „Inflation Reduction Act" (IRA) verschärft Washington zudem den Wettbewerb, indem es ausländische Investoren in klimaverträgliche Technologien mit Subventionen lockt, die die Produktionskosten in den USA um 30 bis 40 % senken.

Das ist zwar kein offener Protektionismus und sollte angesichts von dreistelligen Milliarden-Förderprogrammen in Deutschland wie in Frankreich daher auch nicht als solcher verurteilt werden. Immerhin betreibt die EU ihre eigenen Projekte, die auch gegen die USA gerichtet sind, so etwa den Klimazoll, der Einfuhren von $CO_2$- intensiven Produkten verteuern soll. Das Problem solcher Subventionen ist lediglich, dass sie wesentlich bürokratischer ausgestaltet sind und daher nicht so schnell greifen wie Steuerkredite, die Washington über den IRA seit 2023 gewährt. Auch im Verhältnis zu den USA aber sollten sich die Europäer stärker gegen die Staatshilfen zur Unterstützung vor allem heimischer Hersteller wehren, indem man zumindest auf eine Gleichbehandlung europäischer Unternehmen gegenüber US-Freihandelspartnern wie Kanada und Mexiko pocht, wie es Brüssel in diesem Fall getan hat (Braml 2022).

Ansonsten aber kann keiner in Europa ein Interesse an einer weiteren Eskalation mit Washington haben, auch nicht unter Trump. Schon während seiner ersten Amtszeit stand die enge wirtschaftliche Verflechtung zwischen beiden Seiten in einem deutlichen Gegensatz zur politischen Entfremdung zwischen ihnen. Europa bleibt auf die USA als wichtigsten Handelspartner angewiesen und braucht Washington in Konflikten wie mit China und Russland an der eigenen Seite. Das muss es aber nicht daran hindern, das Potenzial seines Binnenmarkts auch gegenüber Washington zu nutzen, wo dieses den Wettbewerb wie etwa durch den IRA oder den Exportbann für Hightechchips verzerrt und europäische Anbieter unter Druck setzt. Auch die USA werden sich angesichts des sich verschärfenden Handelskonflikts mit China in Zukunft wieder stärker in Richtung Europa orientieren. Vor dem Hintergrund des Systemkonflikts mit China und Pekings zunehmender Abkopplung von den USA nimmt der Handel zwischen Ländern mit ähnlichen politischen und wirtschaftlichen Vorstellungen deutlich zu. Daher haben sich auch die transatlantischen Handelsbeziehungen in den vergangenen Jahren wieder intensiviert, und davon haben vor allem die US-Exporte profitiert.

Um allerdings im geoökonomischen Wettbewerb mit den USA zu bestehen, wäre ein anderes Signal durch Brüssel viel entscheidender: die Vollendung der Integration in den Bereichen Banken- und Kapitalmarktunion und das Vorantreiben der Fiskalunion und der Entwicklung des digitalen Euros. Die USA nutzen vor allem die Stärke der führenden Weltleitwährung Dollar auch zur Durchsetzung geoökonomischer Interessen. Eine öffentlich-rechtliche europäische Bank neben der Europäischen Investitionsbank, die nicht vom Dollar abhängt, wäre ein Schritt, um die USA eventuell eher davon abzuhalten, den Handel zu stören. Digitalwährungen mit der entsprechenden europäischen Infrastruktur sowie zwei unterschiedlichen Zahlungssystemen könnten die Abhängigkeit vom US-Finanzsystem ebenso verringern. Wie sehr die Welt, und damit auch Europa, noch immer am Dollar hängen, erfuhren die Europäer zuletzt schmerzlich, als Instex, ein Instrument mehrerer EU-Staaten zur Ermöglichung eines legalen Handels mit Iran, kläglich am Widerstand der USA scheiterte. Unter Androhung von Sekundärsanktionen scheuten die meisten europäischen Unternehmen den weiteren Handel mit Iran (Gehrke 2022).

Dabei ist der Abbau solcher Abhängigkeit vor dem Hintergrund der geoökonomischen Machtverschiebungen dringend erforderlich. Die geoökonomische Theorie ist einfach: Sie besagt, dass die Politik in aller Regel ökonomischen Interessenverlagerungen folgt. Der euro-atlantische Raum ist über wechselseitige ökonomische Abhängigkeiten zusammengewachsen und hat im Zeitalter der Globalisierung seine überragende Bedeutung für die Weltwirtschaft eingebüßt. Dieser Trend hat auch Auswirkungen auf den politischen Zusammenhalt der Gemeinschaft. Für die USA ist der indopazifische Raum im Machtkampf mit China zur zentralen geostrategischen Zielregion geworden und Trump hat sich schon in seiner ersten Amtszeit die politische Loyalität seiner Verbündeten über ökonomischen Druck erkauft. Für Großbritannien bedeutet die Vision von „global Britain" die institutionelle Abkehr vom europäischen Integrationsprojekt. Und auch in Deutschland hat die zunehmende ökonomische Gewichtsverlagerung Richtung

## 3 Die geoökonomischen Karten der Zukunft

Osten (vor allem China) seit der globalen Finanzkrise trotz aller Dominanz Europas als wichtigster Absatzmarkt in den vergangenen Jahren erheblichen Einfluss auf die (außen)politischen Entscheidungen Berlins gehabt (Kundnani 2020). Auch wenn die Diskussion über die wachsende Bedeutung der Geoökonomie wie oben angedeutet vor allem auf deren Anwendung durch autokratische Staaten wie China oder Russland konzentriert ist und in diesem Kontext gerne als ökonomischer Nationalismus (an Stelle ökonomischen Liberalismus) bezeichnet wird. Mit der Rückkehr Trumps bewegen sich die USA mittlerweile in einem ähnlichen Fahrwasser. Und natürlich setzen Staaten wie Deutschland gleichermaßen ökonomische Instrumente zu strategischen Zwecken ein. Ob über Sanktionen gegenüber Drittsatten oder Zinsfluktuationen als Druckmittel gegenüber den Mitgliedern der Eurozone während der Eurokrise – allemal stellen solche Instrumente Formen einer „liberalen Geoökonomie" (Kundnani) dar.

Auch die Union wird vor diesem Hintergrund ihre geoökonomische Macht künftig stärker in Richtung der eurasischen Großregion behaupten müssen. Strategische Schlüsselindustrien der Mitgliedstaaten haben durch ihre Zusammenarbeit mit China (5 G-Technologie) einerseits die amerikanische Führung in der vierten industriellen Revolution empfindlich herausgefordert, sind andererseits aber technologisch wie sicherheitspolitisch verwundbarer. Staaten wie Serbien oder die Türkei gefährden in ihrer Kooperation mit Russland und China gleichzeitig den politischen Zusammenhalt der euro-atlantischen Gemeinschaft. Neue Transportkorridore verbinden den eurasischen Kontinent und verringern damit die Bedeutung der Kontrolle der wichtigsten geostrategischen Engpässe („chokepoints") durch die USA. Griechenland, Polen, Italien, Österreich, Luxemburg und die Schweiz haben sich der chinesischen Seidenstraßeninitiative angeschlossen und schaffen damit die Verbindung der eurasischen See- und Landrouten. Und auch die Harmonisierung der russischen Nordseeroute mit Chinas polaren Seidenstraße zur Entwicklung eines arktischen Transportkorridors schafft für Europa ökonomische Chancen wie Herausforderungen zugleich (Diesen 2021).

Um ihnen zu begegnen, wird Europa sein ganzes ökonomisches Gewicht in die Waagschale legen müssen. Es muss aber gleichzeitig darauf achten, dass es bei allen Gegenmaßnahmen bemüht bleibt, Nachteile für eigene Unternehmen reziprok auszugleichen. Der Verlust von Marktanteilen lässt sich durchaus errechnen. Nur so verteidigt man freien und fairen Handel – und zwar in alle Richtungen. Und nur so hat die EU gute Chancen, im globalen geoökonomischen Machtkampf zu bestehen und die Lücke zu den USA und China zu schließen. Leichter fällt das vielleicht, wenn man sich dabei nicht der Illusion hingibt, die EU wäre ein handelspolitischer Musterknabe. Und wenn Kritiker von sicherheitspolitisch wohl begründeten Begrenzungen des freien Wirtschaftens solche nicht immer gleich als Beleg für eine moralisierende Außenhandelspolitik werten. Auf globalen Märkten wird um Marktanteile gerungen. Alle Marktteilnehmer unterliegen dabei dem ewigen Dilemma, dass sie einerseits die Vorzüge des Freihandels und von Direktinvestitionen gerne mitnehmen, gleichzeitig aber ihre politische Autonomie, kulturellen Werte und sozialen Strukturen schützen wollen. Auch die EU nutzt insbesondere nicht-tarifäre Handelsbarrieren und erschwert damit den globalen Handel. Seit Jahren prominentestes Beispiel sind die Subventionen und Einfuhrbeschränkungen im EU-Agrarsektor, mit denen die EU nicht nur den eigenen Haushalt belastet, sondern zu Wettbewerbsverzerrungen auf den Märkten beiträgt. Über die Hälfte aller weltweit verhängten protektionistischen Maßnahmen stammen aus der EU. Und längst sind Antidumpingzölle ein probates Mittel, um sich gegen die chinesische Konkurrenz zu schützen.

# 4

# Deutschlands bisheriges Wirtschaftsmodell auf dem Prüfstand

Wie kein anderes Land in Europa lebte Deutschland in den vergangenen Dekaden von der Idee, dass Handel Krieg verhindert, und dass Außenwirtschaftspolitik vor allem unter kommerziellen Vorzeichen betrieben wird. „Wandel durch Handel", so lautet das Mantra in der deutschen Außenwirtschaftspolitik, mindestens so populär wie der Glaube an die „Kultur der Zurückhaltung" in der Außen- und Sicherheitspolitik, wie ihn die deutsche Politik parteiübergreifend für Jahrzehnte pflegte. Unternehmerische Interessen galten dabei als deckungsgleich mit den nationalen Interessen des Landes, außenwirtschaftliche und sicherheitspolitische Fragen aber wurden getrennt. Für ein Land mit einem Exportanteil von über 50 % am Bruttoinlandsprodukt ist dies nicht verwunderlich. Deutschlands Wohlstand war und bleibt in hohem Maße abhängig von offenen Märkten. Das Land ist stolz auf seine Exporttradition, bisweilen aber auch blind für Alternativen. Auch deswegen ist es mit einem Offenheitsgrad von etwa 80–85 % die offenste Volkswirtschaft unter den führenden Industrienationen und vergleichsweise abhängiger von einer multilateralen Weltwirtschaftsordnung. Knapp 30 % der deutschen Arbeitsplätze hängen direkt oder indirekt vom Export ab, im verarbeitenden Gewerbe beträgt die Zahl gar 55 %. Hinzu kommen unmittelbare wie mittelbare Direktinvestitionen in Höhe von fast 1500 Mrd. € in den beiden vergangenen Jahren.

Dabei sind Exportüberschüsse nicht per se gut. Sie sind zwar Ausdruck einer leistungsfähigen Wirtschaft bzw. Industrie, zumal wenn es gelingt, neben dem Verkauf von Produkten auf den Weltmärkten auch hinreichende Preise für selbige zu erzielen; beide Komponenten decken die so genannten *„terms of trade"* ab, welche angeben, wie viele Mengeneinheiten eines importierten Produkts die Volkswirtschaft für eine Einheit ihres Exportprodukts erhält. Sie können aber auch Zeichen mangelnder gesellschaftlicher Verteilung von Profiten sein, wenn diese bei exportstarken Unternehmen oder ihren Eigentümern verbleiben oder der Großteil im Ausland investiert oder angelegt wird (Kapitalexport) (Hesse 2023). Mittlerweile wird deutlich, wie diese Strategie zu einer jahrelangen Vernachlässigung von notwendigen Investitionen (Infrastruktur, Digitalisierung, Bildung) geführt hat. Befördert wurde diese Entwicklung zusätzlich durch die staatliche Förderung von Direktinvestitionen im Ausland mit Steuergeldern.

Hinzu kommt aber noch etwas anderes: Was für das Land jahrzehntelang Wachstumsgarant und Grundlage seines Wohlstandsmodells war, machte es geoökonomisch betrachtet jedoch gleichzeitig in hohem Maße verwundbar und schränkte außenpolitische Handlungsoptionen empfindlich ein. Wie schnell aus strategischen Partnerschaften einseitige Abhängigkeiten entstehen können, hat das Land nunmehr schmerzlich im Fall der russischen Energieversorgung erfahren. Russlands Krieg in der Ukraine und die damit verbundenen Engpässe bei der Gasversorgung trafen deutsche Politiker wie Unternehmer unvorbereitet. Die bange Frage lautet jetzt, ob die insgesamt stärkere Integration Chinas in die Weltwirtschaft es verhindern kann, dass dem Westen insgesamt, und insbesondere Deutschland, im Zuge von Pekings Abschottungspolitik vielleicht ein ähnliches Schicksal droht und wir sehenden Auges gar in eine Deindustrialisierung schlittern, wie manche Beobachter bereits warnen.

Ein solches Szenario scheint übertrieben und entspricht der Neigung des Landes zu vorschnellen Prognosen des Niedergangs in Zeiten von Krisen. Gemessen an der industriellen Bruttowertschöpfung steht Deutschland im internationalen Vergleich nach wie vor nicht so schlecht da. Immerhin ist der Wert mit rund 20 % deutlich höher als im EU-Schnitt mit 16 % oder etwa in Frankreich und den USA mit gerade einmal 11 %. Dennoch sind die mittelfristigen Konjunkturaussichten aus strukturellen Gründen (Infrastruktur, fehlende Modernisierung von Staat und Verwaltung, irrationale Energiepolitik, viel zu lange währende geopolitische Ignoranz) momentan eher düster. Auch wenn es 2024 zur Senkung der Inflation und einem Anstieg der Reallöhne gekommen ist, bleibt es vor diesem Hintergrund fraglich, ob Unternehmensinvestitionen wieder zunehmen, auch wenn deutsche Unternehmen über Jahre des Booms erstaunliche Effizienzreserven angehäuft haben. Fest steht aber, dass das Land vor einer großen Transformation steht, in der die Weltwirtschaft durch Konkurrenz und Ressourcenknappheit bestimmt wird, der demografische Wandel nur durch technologisch-digital bedingte Produktivitätsfortschritte gelingen wird, solange eine an den Bedürfnissen des Arbeitsmarktes orientierte Einwanderungspolitik nicht stattfindet, und in der die drohende Wiederkehr der Inflation die Handlungsspielräume einer schuldenfinanzierten Ausgabenpolitik erheblich einschränkt. Und fest steht auch, dass das Land viel zu lange glaubte, sich mit den Großen arrangieren und die Kleinen vernachlässigen zu können. Nun entpuppt sich die Fokussierung auf Russland und China als strategischer Fehler und Deutschland sucht händeringend strategische Partner, von Asien über den Nahen und Mittleren Osten, von Afrika bis Lateinamerika.

Deutschlands ökonomische Zukunft wird dabei entscheidend von einem Kurswechsel vor allem in der Chinapolitik abhängen. Die unheilvolle Machtkonzentration in den Händen von Chinas Staats- und Parteichef Xi Jinping, seine Obsession von der vermeintlichen Überlegenheit des chinesischen Systems gegenüber dem Westen, die es dem Regime in Peking lange Zeit erschwerte, von seiner Null-Covid-Strategie trotz verheerender wirtschaftlicher Folgen abzuweichen, verheißt zwar nichts Gutes. Beides zusammengenommen und die demografische Entwicklung einer misogynen Gesellschaft könnten auch dazu führen, dass Chinas scheinbar unaufhaltsamer Aufstieg zur größten Wirtschaft innerhalb von drei Dekaden seinen Höhepunkt bereits überschritten hat. 2023 drohte dem Land erstmals eine Rezession. Und für 2024 konstatiert die OECD gerade einmal ein Wachstum von knapp 5 %, was weit unter den über Jahre hinweg erzielten historischen Wachstumsraten Chinas von knapp 8 % pro Jahr liegt. Die Jugendarbeitslosigkeit ist auf 20 % gestiegen und der Immobilienmarkt steht vor einer der größten Vertrauenskrisen seit Beginn des wirtschaftlichen Aufstiegs des Landes. Gleichzeitig erhöht ein solcher Druck auf die Wirtschaft die Gefahr eines Angriffs Chinas auf Taiwan, da die Führung geneigt sein könnte, den drohenden Wohlstandsverlust mit nationalistischer Propaganda aufzuwiegen. Die Modernisierung des Militärs und die von der Führung beförderte Wolfskriegerdiplomatie deuten jedenfalls darauf hin.

## 4 Deutschlands bisheriges Wirtschaftsmodell ...

Für Deutschland und seine Industrie aber bleibt China selbst bei geringeren Wachstumsraten wichtiger Absatzmarkt und die größte geoökonomische Herausforderung wie Chance zugleich. Im ersten Halbjahr 2022, also während des Ukrainekriegs, sind die deutschen Investitionen in China einmal mehr auf Rekordniveau gestiegen – ein Trend, der sich 2023 und 2024 trotz der Aufrufe der Bundesregierung, sich weniger abhängig von China zu machen, fortsetzte. Aus keinem anderen Land importiert Deutschland mehr als aus China, bei den Exporten rangiert das Land auf Platz zwei. Umgekehrt ist der Anteil chinesischer Warenexporte nach Deutschland an allen Warenexporten Chinas zwischen 2010 und 2021 von rund vier auf etwa drei Prozent gesunken. Insgesamt ist Deutschland beim Handel deutlich abhängiger von China als umgekehrt und diese Asymmetrie hat stetig zugenommen.

Eine solche Abhängigkeit von einem zunehmend aggressiveren Systemwettbewerber bleibt selbst bei langsamer wachsender Wirtschaft auf absehbare Zeit bestehen und birgt ein hohes Risiko für Deutschland. China kontrolliert 90 % der Verarbeitung der für den Bau von Elektroautos und erneuerbare Energien wichtigsten Metalle, es ist in hohem Maße in die deutschen Lieferketten eingebunden und schert sich wenig um den Schutz geistigen Eigentums. Selbst im globalen Wettbewerb um Halbleiter, Herzstück der digitalen Welt, vom Auto, Smartphone, Server bis hin zur Medizintechnik, ist das Land zumindest im Bereich der Fertigung solcher Chips mit größerer Strukturbreite (nicht bei den sogenannten „cutting-edge"-Chips, also den modernsten Hochleistungschips!) weltweit führend und zentral für die Versorgung Europas, insbesondere Deutschlands, in den oben genannten Industriesektoren.

Bei aller Abhängigkeit aber sollte die zunehmende Abschottung und der Rückfall des Landes in die totalitäre Herrschaft der deutschen Politik und Wirtschaft eigentlich die Entscheidung erleichtern, den auf europäischer Ebene bereits eingeschlagenen Diversifizierungs- und Absetzungsprozess (wohlgemerkt nicht Abkopplung!) vom chinesischen Markt konsequenter als bisher voranzutreiben und Deutschlands Rohstoffabhängigkeit grundsätzlich zu überdenken. Immerhin sehen nach Umfragen auch weit mehr als die Hälfte der deutschen Bevölkerung die Abhängigkeit von China mittlerweile als kritisch an und wünschen eine Umleitung von Investitionen in andere Länder.

Wie dies geschehen kann, zeigt ein Blick auf die Beispiele Japan und Südkorea. Dort werden Unternehmen seit 2023 per Gesetz angehalten, Versorgungspläne für kritische Rohstoffe und Komponenten zu erstellen, die nachweislich eine Diversifizierung ihrer Versorgungsquellen und Erhöhung ihrer Lagerbestände ausweisen. Warum nicht auch hier private wie öffentliche Gelder in Fördermitteln und Kreditbürgschaften bündeln, um Gewinnung, Weiterverarbeitung und Recycling von Rohstoffen zu fördern, Einkäufe, wie jetzt beim Gas, zu poolen, um Unternehmen zu unterstützen? Man sollte sich nicht darauf verlassen, dass im Falle von Sanktionen gegen China eine ähnliche Entwicklung eintritt wie in Russland, wo kritische Rohstoffe aus dem Sanktionsregime im beiderseitigen Interesse bewusst herausgehalten wurden.

Xi wird sein Land künftig noch stärker auf Abschottung und Unabhängigkeit von westlichen Märkten einstellen und ist bereit, dafür einen hohen Preis zu bezahlen. Die Verachtung, die er zugleich den bislang erfolgreichen Geschäftsmodellen der Technologiegiganten Alibaba, Tencent, Meituan oder JD.Com entgegenbringt, ist ein Indiz dafür. China setzt nicht nur immer mehr auf Lokalisierung, „individuelle Innovation" und Verdrängung bislang noch geduldeter Modernisierungshelfer aus dem Ausland. Es verstärkt auch die staatliche Kontrolle von privatem Unternehmertum, das mittlerweile fast zwei Drittel des Bruttoinlandsprodukts ausmacht. Wie weit die chinesische Führung dabei gehen wird,

## 4 Deutschlands bisheriges Wirtschaftsmodell … 

ist offen. Optimisten hoffen, dass nach Überwindung von Covid die Wirtschaftspolitik des Landes gelockert wird und Privatunternehmen wieder mehr Flexibilität erhalten, darauf setzen sollte man allerdings nicht. Für Deutschland ist es daher Zeit, umgekehrt seine eigene Außenwirtschaftspolitik stärker zu „konditionalisieren" und dem oben skizzierten europäischen strategischen Wettbewerb mit China anzupassen. Der geopolitischen Reaktion auf Russland muss die geoökonomische Antwort auf China folgen, solange Peking am derzeitigen Kurs festhält. Auch das gehört zum dringend erforderlichen Mentalitätswandel.

Dieser Anpassungsprozess wird mit größeren Wohlstandsverlusten verbunden sein, so wie es alle Begrenzungen der internationalen Arbeitsteilung sind. Für eine Wirtschaft, deren industrielle Wertschöpfung zu fast zwei Dritteln von der Nachfrage im Ausland und vom Import wichtiger Vorleistungen abhängig ist, bedeuten die derzeitigen Rückabwicklungen der Globalisierung zwangsläufig hohe Anpassungskosten. Das Ifo-Institut kalkuliert eine umfassende Rückverlagerung der Produktion mit einem zehnprozentigen Rückgang des Bruttoinlandsprodukts. Welche soziale Sprengkraft eine solche Entwicklung birgt, kann sich jeder ausmalen. Vor dem Hintergrund der ambivalenten Haltung Chinas in der Ukraine-Frage und dem radikalen Kurswechsel in Peking aber ist eine größere strategische Unabhängigkeit unumgänglich und wird sich langfristig auszahlen. So richtig es lange Zeit gewesen sein mag, dass der Außenhandel die wichtigste Grundlage des deutschen Wohlstands bildete und es dem Land ermöglichte, Spezialisierungsvorteile und Effizienzgewinne zu nutzen. Ein Land muss auf solche zumindest teilweise verzichten, wenn diese Effizienzgewinne zu Lasten der Sicherheit und Krisenanfälligkeit gehen – sei es durch externe Schocks wie im Fall der Pandemie, sei es durch den zunehmenden Protektionismus durch Systemwettbewerber oder nachlassende Nachfrage. Und es liegt auf der Hand, dass Länder mit einem hohen Spezialisierungsgrad wie Deutschland in solchen Fällen im besonderen Maße krisenanfällig sind.

China wird seine wirtschaftliche Macht rigoros als politische Waffe einsetzen und Handelspartner erpressbar machen. Auf eine solche Politik kann man nicht weiter mit Dialogangeboten und dem lapidaren Hinweis, Sanktionen bewirkten keine Richtungswechsel, sondern stärkere Abgrenzung und Nationalismen, reagieren. Es geht darum, das größtmögliche Maß an Vorzügen durch ökonomische Vernetzung zu bewahren und dabei gleichzeitig die politisch-ökonomischen Verwundbarkeiten zu begrenzen. Letztere wiegen im Fall Deutschlands als ein exportorientiertes und auf den Verarbeitenden Sektor fokussiertes Land logischerweise schwer. In jüngster Vergangenheit hat diese Exportlastigkeit seiner Wirtschaft die Kritik von EU-Partnerländern eingetragen, damit Arbeitslosigkeit in ihre Länder zu exportieren. Unberücksichtigt blieb bei dieser Kritik oftmals die Tatsache, dass Deutschlands Exporte wiederum zu 40 % aus importierten Vorleistungen vorwiegend aus den EU-Partnerstaaten bestehen und damit auch zu deren internationalen Wettbewerbsfähigkeit beigetragen haben. Nunmehr aber scheint diese Exportlastigkeit dem Land ernsthaft zum Verhängnis zu werden. Die höhere Inflation und die globalen Abschottungstendenzen machen vor allem den Ländern des Nordens in der EU zu schaffen, wo folgerichtig der Anteil der Industrie am BIP sinkt, während er in anderen Teilen der EU (Süden) wieder steigt. Deutschland aber droht nicht deswegen erneut zum „kranken Mann" Europas zu werden, und der wichtigste Grund für seine derzeitige Schwäche oder Verwundbarkeit liegt sicherlich auch nicht allein in China, auch wenn Politiker und Experten wie Medien dies zunehmend suggerieren. Das Land muss seine Chinaabhängigkeit und Optionen für einen Strategiewechsel vielmehr realistischer bewerten.

## Zwischen Technologiesicherung, Diversifizierung und Konnektivität

Wie eingangs erwähnt, steht die deutsche Wirtschaft heute vor drei großen Herausforderungen: Sie muss *erstens* den mit Exporten und Direktinvestitionen verbundenen weiteren Transfer von technischem Wissen an *einheimische* Unternehmen in autokratischen Systemen verhindern. Das liegt eigentlich auch im Unternehmensinteresse, sollte aber zumindest nicht noch durch Investitions- und Exportkreditgarantien für einzelne Unternehmen und ganze Branchen, Hermes-Bürgschaften für Auslandsprojekte oder gar die Rettung durch den Steuerzahler seitens der Politik erleichtert werden. Nur so werden die Risiken in den Vorstandsetagen in Bezug auf höhere Prämien bei Versicherungen und Banken überdacht. Sie muss *zweitens* heimische Investitionen in Spitzentechnologien und kritische Infrastruktur erleichtern und die Ansiedlung unliebsamer Investoren in Deutschland wie etwa im Fall des Vordringens von Huawei in die kritische Telefoninfrastruktur unterbinden. An solchen Beispielen wird deutlich, wie schwer sich die Politik bis heute tut, kurzfristige wirtschaftliche Erfolge und langfristige sicherheitspolitische und strategische Erfordernisse abzuwägen. Und sie muss *drittens* der großen Abhängigkeit von wichtigen Rohstoffen, die sich das Land, anders als andere Industrieländer, vor allem durch Käufe auf dem Weltmarkt, nicht aber durch eigene Direktinvestitionen im Rohstoffsektor gesichert hat, durch mehr Diversifizierung und Konnektivität vorbeugen.

Es liegt auf der Hand, dass vor allem Letzteres die Achillesferse in Bezug auf die wirtschaftliche Sicherheit Deutschlands ist. Nicht umsonst zielt die o.e. „de-risking"-Strategie der EU vor allem darauf ab, Chinas Dominanz in Teilen der grünen Lieferkette anzugehen. Ein Blick auf die Abhängigkeiten im Bereich Halbleiter und Mikrochips macht die Gefahren der bisherigen Chinapolitik deutlich. Viel zu lange verfuhren Wirtschaft und Politik hier nach der Devise „Käufe vor Direktinvestitionen". Erst die Schockerlebnisse unterbrochener Lieferketten und Angebotsengpässe im Zuge der Nachfragesteigerung nach der COVID-Erholung lösten überfällige Diskussionen über die zunehmende Technologieabhängigkeit der deutschen Industrie von wenigen asiatischen (vor allem chinesischen) und amerikanischen Anbietern aus. Dabei redet die Politik gefühlt schon seit Jahren von der Notwendigkeit größerer Unabhängigkeit von China und anderen Autokratien, aber auch den USA, von erneuerbaren Energien und im Zusammenhang damit der Notwendigkeit, Halbleiter und Batteriezellen künftig selbst produzieren zu können. Welche Hebel aber hat man vor allem gegen Staaten wie China, die gezielt Abhängigkeiten und Verwundbarkeiten schaffen, wenn man sie umgekehrt nicht die eigenen Abhängigkeiten spüren lässt?

Die USA haben sich längst entschlossen, ihre technologische Überlegenheit durch eine gezielte Industrie- und Innovationsstrategie gegenüber China auszuspielen und als Waffe einzusetzen, indem sie den Export hochsensibler Halbleiter-Technologie und von für militärische Zwecke verwendbaren Hochleistungschips nach China beschränken. Gemeinsam mit Japan und den Niederlanden, zwei der wichtigsten Standorte für Chipmaschinenhersteller, tun sie genau das, was Deutschland unverändert schwerfällt: eine strategische Vision entwickeln, die China von einem der wichtigsten Hightechprodukte aus westlicher Produktion abschneidet. Dabei geht es nicht um eine komplette Abschottung bzw. Abkopplung; Chinas partielle Abhängigkeiten gerade in diesen Bereichen zu erhalten, ist allemal die bessere Strategie (Scharre 2023), auch wenn sie keine Garantie ist, dass der technologische Vorsprung ewig währt, wie Chinas KI-Sensation, DeepSeek, zu Beginn dieses Jahres eindrucksvoll bewiesen hat. Es geht um Kontrolle über

## 4  Deutschlands bisheriges Wirtschaftsmodell ...

die Bereiche, die entscheidend sind für die eigene nationale Sicherheit. Betroffen sind in erster Linie jene Chips der neuesten Technikgeneration, die für die militärische Modernisierung relevant sind, sprich Künstliche Intelligenz in der Militärtechnik und die verbesserte Steuerung von Waffen, aber auch zur Überwachung der eigenen Bürger. Chips, die für Computer, Mobiltelefone oder Autos eingesetzt werden, sind ausdrücklich vom Exportverbot ausgenommen. Auf diese Weise zwingt man Peking in einen Zielkonflikt zwischen der Entwicklung einer eigenen Halbleitertechnologie und den Globalisierungszielen führender Unternehmen zum Zwecke der Gewinnmaximierung.

Genau dies war lange Zeit auch das Denken in Berlin: statt auf Investitionen in Zukunftstechnologien setzte man auf Expansion global operierender Unternehmen. Und lieber macht man sich in Berlin noch immer Gedanken darüber, wie sich Amerikas Politik auf das eigene Land auswirken und ob man von Washington nicht ins Sanktionsregime gegen China hineingezogen werden könnte, als dass man gemeinsam mit der EU definierte, welche Technologien unter die Exportkontrollen und das *Screening* ausländischer Investitionen fallen sollten. Auch hier fällt dem Land die Zeitenwende denkbar schwer. Stattdessen laviert es zwischen der von der EU eher eng gefassten Definition sicherheitsrelevanter Technologie und einer eher vagen, weiter gefassten Vorstellung davon, welche wiederum die Gefahr birgt, dass Handel massiv untergraben wird. So ist die 2022 erfolgte Ablehnung von vier Anträgen des VW-Konzerns auf Verlängerung von Investitionsgarantien durch das Bundeswirtschaftsministerium sicherlich ein richtiges Signal, geht aber am Kern des Problems vorbei. Zumal, weil die Absage offiziell auch noch aus „menschenrechtlichen Gründen" erfolgte, um vordergründig ins Bild einer „wertegeleiteten" Außenpolitik zu passen. Immerhin aber ist diese Absage ein Signal an China und deutsche Unternehmen: Wenn VW,

BASF, Siemens oder Bosch ihre Investitionsentscheidungen nur nach Absatzchancen beurteilen (der VW-Konzern betreibt rund 40 Werke mit Partnern in China), dann tragen sie künftig allein die Verantwortung dafür. Mit dem Wegfall von Investitionsgarantien erfolgt ein Paradigmenwechsel in der Politik, der nicht allein vom Kampf für Menschenrechte getrieben wird, sondern hinter dem auch handfeste ökonomische Interessen des Landes stehen.

Dennoch ist diese Entscheidung nur ein erster Schritt. Und was der Politik schwerfällt, dämmert im Übrigen großen Teilen der Wirtschaft schon länger. Unternehmen haben bereits vor Corona begonnen, mehr auf europäische Anbieter und regionale Fertigungsketten zu setzen, um beispielsweise den Absturz des europäischen Anteils an der weltweiten Halbleiterproduktion von 30 % (1990) auf derzeit unter 10 % aufzuhalten bzw. umzukehren (auf eine Zielgröße von 20 % im Jahre 2030). Währenddessen verfuhr die Politik noch nach dem Prinzip, nach vorne hin vor China zu warnen, hinten herum aber die Investitionsentscheidungen der großen Konzerne zu unterstützen. Mittlerweile aber gehen Unternehmen freiwillig auf Distanz zu China und fordern offen nichts anderes als eine stärkere Politisierung der Industrie, sprich neben Profitmaximierung auch sicherheitspolitische Erwägungen zu berücksichtigen, ganz nach dem Motto: Natürlich sichern die hohen Stückzahlen, die VW vor allem auf dem chinesischen Markt verkauft, auch Arbeitsplätze in Deutschland, wo nach wie vor ein Teil der Entwicklung stattfindet. Aber was, wenn Xi seine Androhung einer Annexion Taiwans wahr macht und damit die Welt vom Zentrum der globalen Mikrochipindustrie abschneidet? Dann droht der Autoproduktion hierzulande der Kollaps.

Eine Doppelstrategie von Politik und Wirtschaft ist daher unerlässlich. Abkopplung von China ist nicht möglich, eine teilweise Verlagerung von Investitionen nach Prüfung von Abhängigkeiten und ungenutzten Potenzialen in Form von

## 4 Deutschlands bisheriges Wirtschaftsmodell ...

Auslagerungen in andere Länder oder Gemeinschaftsunternehmen aber dringend notwendig. Man muss nicht gleich die Axt an den ohnehin eingeschränkten Welthandel legen, aber die geopolitischen Risiken, die mit Chinas Kurs verbunden sind, sollten nicht kleingeredet werden. Ebenso naiv ist die Sichtweise, dass die Verlagerung von Lieferketten und Diversifizierung zum Nulltarif zu haben sind oder Subventionen die langfristigen komparativen Kostenvorteile verändern würden; eine Umstellung der Lieferketten auf lokale Erzeuger forciert die oben erwähnte Aufteilung der Weltwirtschaft in regionale Blöcke und bedeutet immense Kosten für alle Beteiligten. Der IWF beziffert die damit verbundenen Kosten für das globale BIP auf 7,5 Billionen US-Dollar. Was dies für die eigene Gesellschaft bedeutet, wird den Bürgern des Landes bislang nicht kommuniziert.

Der Mittelweg liegt darin, zunächst die Bereiche zu schützen, die besondere ökonomische wie sicherheitspolitische Risiken bergen, Autokratien wie China klar zu signalisieren, dass Verstöße gegen das Regelwerk der Welthandelsordnung geahndet werden, indem man auf das eigene, nicht unerhebliche Potenzial für Gegenmaßnahmen zurückgreift, und Investitionen in öffentliche Güter zur Stärkung der wirtschaftlichen Sicherheit auf europäischer Ebene zu unterstützen. Dies ist die einzig plausible Reaktion, um sich der neuen Großmachtrivalität um Marktanteile und Technologieführerschaft anzupassen. Es geht nicht darum, sich auf die vor allem von China und Russland provozierte Systemkonkurrenz im Sinne eines Verdrängungswettbewerbs einzulassen, bei dem alle verlieren. Es geht auch nicht darum, der anderen Seite zu vermitteln, die Welt zu verwestlichen; dieser Versuch ist in den beiden vergangenen Dekaden kläglich gescheitert. Es geht darum, den Systemwettbewerb als andauernde Herausforderung zu begreifen, das eigene Modell bewahren und für andere attraktiv machen zu können.

Strategische Prioritäten müssen daher auch bei der Rohstoffsicherung gesetzt werden. Die von Berlin zu diesem Zweck eingebrachten rund 3 Mrd. € als Fördermittel in das europäische Gemeinschaftsprojekt IPCEI (Important Projects of Common European Interest) sind ein erster Schritt, um die Abhängigkeit von knappen und teuren Rohstoffen zu reduzieren, reichen aber bei weitem nicht aus für die ambitionierten umwelt- und klimapolitischen Ziele. Unternehmen haben zwar begonnen, Produktionsstandorte innerhalb Asiens wie auch nach Europa zu verlagern und teils komplette Komponenten neu zu konstruieren, für die sie weniger „Risikomaterial" benötigen. Sie bauen Reservekapazitäten für den Fall des Ausfalls von Hauptlieferanten auf, um durch Verringerung von Transporten und des $CO_2$-Ausstoßes und Umgehung möglicher Handelsrestriktionen mittelfristig die Kosten einer regionalen Produktion annähernd kompensieren zu können. Wie ambitioniert dieses Ziel aber ist, zeigt auch hier das Beispiel der Pkw-Produktion. Experten gehen im Fall solcher Verlagerungen von einer 30prozentigen Teuerung europäischer Autos aus. Der Preis für einen aus dem EU-Binnenmarkt heraus gedeckten europäischen Bedarf an Mikrochips und die Produktion dafür notwendiger Vor- und Zwischenprodukte ist immens hoch. Die neue Unabhängigkeit erfordert insofern unbequeme Entscheidungen und mehr finanzielle Unterstützung für Unternehmen von der Exploration über die Genehmigung bis zur Beschaffung und Verarbeitung in Europa.

Besonnene Politiker sind sich dessen durchaus bewusst, zögerten aber bisher gleichermaßen in diese Richtung zu handeln. Auch aus diesem Grund landeten in den vergangenen Jahren lediglich 2 % aller Direktinvestitionen im Energiesektor. Von einer Strategie, in Lagerstätte zu investieren anstatt Rohstoffe einzukaufen, konnte keine Rede sein. Erst mit der Diskussion über die Bedeutung des Be-

## 4 Deutschlands bisheriges Wirtschaftsmodell …

zugs von russischem Nickel und Kobalt für die „grüne" Transformation der deutschen Industrie im Zuge des Ukrainekrieges kam die Idee der Vorratshaltung solcher strategischen Rohstoffe überhaupt in Fahrt. Deutschland fuhr auf Sicht und reagierte wie nach der Ölkrise 1973, als Russland mit einem Lieferboykott von Öl und Gas drohte. Das Gesetz für eine nationale Gasreserve wurde auf den Weg gebracht. Soweit sollte es im Fall der Bevorratung von kritischen Rohstoffen gar nicht erst kommen, würde es aber, wenn kurzfristig mit ähnlichen Boykotten von chinesischer Seite zu rechnen ist. Das Land braucht daher dringend eine stärkere Rolle durch die Politik bei der Rohstoffsicherung, so wie es u. a. in den USA, Japan oder Südkorea der Fall ist. Dort sind Militär oder staatliche Agenturen in enger Absprache mit der Industrie für die Rohstoffbevorratung zuständig, was die Länder insgesamt krisenresilienter macht.

Flankiert werden muss ein solcher Paradigmenwechsel durch die Absicherung von wichtigen Handelsrouten und Knotenpunkten zu Land und auf den Seewegen. Auch das gehört zur Verbesserung der eigenen Widerstandsfähigkeit. Allein mit der Beteiligung an europäischen Initiativen zur Bekämpfung von Piraterie am Horn von Afrika, kleineren Patrouillen im Indopazifik oder dem Verkauf militärischer Güter an betroffene Länder ist es nicht getan. Will man Ländern wie China schon nicht militärisch robuster entgegentreten, dann lässt sich größere Resilienz nur erreichen, indem man wenigstens digitaler und technologischer Erpressbarkeit vorbeugt. China hat sich im Rahmen der Seidenstraßen-Initiative über die sehr energieintensive Blockchain-Technologie längst einen kaum aufholbaren Vorsprung bei der digitalen Abwicklung des internationalen Handels gesichert (Konnektivität), blockiert gleichzeitig aber mehr denn je den eigenen Technologietransfer. Gleiches droht im Bereich der Erschließung, Nutzung und

Kontrolle des Weltraums, der eng verbunden ist mit den militärischen und Cyberambitionen des Landes.

Chinesische Hackerangriffe gehören wie im Fall Russlands zum Alltagsgeschäft von Unternehmen und Betreibern kritischer Infrastruktur. Dabei geht es nicht nur um Industriespionage und Diebstahl geistigen Eigentums, sondern auch um Manipulation von politischen Informationsräumen (Huotari 2022). Wenn sich wie im Hamburger Fall des Erwerbs von Anteilen am Terminal Tollerort durch die Reederei Cosco chinesische Unternehmen in Schlüsselmärkten positionieren und in kritische landgebundene Infrastruktur einkaufen, dann ist die Gefahr des Ausverkaufs der gesamten virtuellen Lieferkette der Dienstleistungen im Handel an China durchaus real. Cosco macht keinen Hehl daraus, dass seine Unternehmensziele sich an den Interessen der KP und des chinesischen Staates orientieren. In der Vergangenheit hat sich das Unternehmen an strategisch wichtigen Punkten oft erst als Minderheitsgesellschaft beteiligt, bevor es dann wie im griechischen Hafen von Piräus mehr Anteile erwarb und damit die Kontrolle erlangte. Seither wird Piräus systematisch zum Umschlagplatz für chinesische Waren in einem Einzugsgebiet ausgebaut, das über Südeuropa hinaus mittlerweile bis nach Prag reicht.

## Eine neue China-Strategie

Es geht daher vor allem darum, dem offensichtlichen geopolitischen Expansionsdrang eines autokratischen Landes vorzubeugen, das als Handelsmacht, die mehr als 90 % ihres Handels über See abwickelt, natürlich ein Interesse an der Kontrolle über seine Handelsrouten hat, das aber vor allem darauf zielt, die eigene Verwundbarkeit gegenüber amerikanischen Sanktionen zu reduzieren und einer mög-

## 4 Deutschlands bisheriges Wirtschaftsmodell … 

lichen Beteiligung der Europäer an einem Sanktionsregime vorzubeugen, indem es diese von zentralen Logistik- und Transportstellen abschneidet. Das Risiko, dass im Falle eines Konflikts mit China die Infrastruktur durch die Bundesregierung nicht mehr kontrollierbar wäre, ist jedenfalls nicht von der Hand zu weisen. Umgekehrt sucht man vergebens nach einer reziproken Mitkontrolle von Hafeninfrastruktur an Terminals in chinesischen Häfen durch eine deutsche Beteiligung. Im Gegenteil, gerade bei der Beschaffung und bei Investitionen werden Zugänge durch die jüngsten chinesischen Bemühungen zur Verbesserung der eigenen Rechtsdurchsetzung zusätzlich erschwert. Sie zwingen deutsche und europäische Institutionen geradezu, länderspezifische Technologieabhängigkeiten und Verflechtungen offenzulegen und nicht nur im Rahmen des transatlantischen Handels- und Technologierates, sondern auch mit anderen Partnern wie Japan, Australien oder Taiwan im Sinne des „friend-shoring" abzuwehren.

Die aus diesen Herausforderungen erwachsenden Konsequenzen für die deutsche Handels- und Finanzpolitik liegen somit auf der Hand. Eine geoökonomische Strategie Deutschlands muss zunächst die tatsächlichen Kräfteverhältnisse bzw. Abhängigkeiten und Verwundbarkeiten im deutschen Außenhandel stärker ins Bewusstsein rücken. Tatsächlich hat Deutschland es viel zu lange hingenommen, dass Chinas Industriepolitik über „joint venture"-Projekte die eigenen Flaggschiffe zunehmend in Bedrängnis gebracht hat. Die chinesische Autoindustrie ist im Bereich Elektromobilität dabei, der deutschen nicht nur im Umfang, sondern auch qualitativ den Rang abzulaufen, so wie es die Solarindustrie bereits vor einer Dekade getan hat. Chinesische Nischenunternehmen setzen zunehmend auch dem deutschen Mittelstand zu, ganz zu schweigen von dem Vorsprung, den das Land längst in den Bereichen KI, Elektromobilität und Digitalisierung erworben hat.

Dennoch besteht in der deutschen Öffentlichkeit ein verzerrtes Bild, zu dem Politik und Wirtschaft durch ihren jahrelangen Kotau vor China entscheidend beigetragen haben. Exportabhängigkeiten von den beiden Supermächten USA und China werden nach wie vor häufig sehr einseitig dargestellt und somit der Eindruck einer insgesamt zu großen Verwundbarkeit der deutschen Wirtschaft erweckt. Richtig ist, dass auch die EU die Tech-Branche von der Batteriefertigung bis zu Elektroautos mit erheblichen Mitteln fördert, und natürlich ist der Aufstieg der Tech-Industrie in diesen Bereichen in China auch Ausdruck ihrer gestiegenen Wettbewerbsfähigkeit. Aber solche Argumente sollten weder Brüssel noch Berlin dazu veranlassen, nicht auch das zu tun, was Länder wie die USA, Indien oder die Türkei mit ihren Schutzzöllen längst tun, um Chinas unbestrittenen Subventionspraktiken zu begegnen. Es gibt genug Belege dafür, dass Peking gegen WTO-Regeln verstößt. Und es ist unstrittig, dass China seine Unternehmen direkt unterstützt und nicht, wie im Fall Deutschlands, indirekt über Kaufanreize oder Steuervergünstigungen für Konsumenten. Bei aller unstrittigen Abhängigkeit schwingt vor allem in Deutschland nach wie vor das Gefühl mit, alles hänge von China ab. Dabei beträgt selbst die Ausfuhr der großen Automobil- und Chemiebranche weniger als 1 % der deutschen Bruttowertschöpfung, der der Maschinen- und Elektroindustrie gar weniger als 1 %. Das Bild in der Öffentlichkeit mit Blick auf die Abhängigkeiten vom chinesischen Markt entspricht daher nicht der gesamtwirtschaftlichen Realität. Und selbst wenn China Deutschland nicht so sehr als Absatzmarkt braucht wie umgekehrt, so ist Deutschland umso mehr als Einfallstor nach Europa von zentraler Bedeutung. China exportiert mehr in die EU als andersherum und ist deshalb auch für Strafzölle verwundbarer.

Abgesehen davon wird die derzeitige Entwicklung in China auch vielfach überschätzt. Die Ergebnisse von Chinas

## 4 Deutschlands bisheriges Wirtschaftsmodell …

Ausgabenpolitik zur Unterstützung seiner Staatsunternehmen sind bestenfalls durchwachsen, seit die Regierung aktive Industriepolitik betreibt (Posen 2023). Jedenfalls haben sie die Produktivität chinesischer Unternehmen nicht nachweislich gesteigert. Bestes Beispiel ist die Halbleiterindustrie, wo knapp 2 Mrd. an staatlichen Hilfen zu keinem Anschluss des Sektors an die Weltspitze geführt haben. Wenn es wie oben erwähnt in der Solarindustrie und bei der Elektromobilität anders aussieht, dann hat dies andere Gründe. Nach dem Motto „viel hilft viel" haben Subventionen hier trotz ohnehin üppiger Gewinne beiden Branchen zusätzlichen Schub verliehen und dazu geführt, dass europäische wie amerikanische Konkurrenten Marktanteile verloren haben. Dies macht deutlich, dass die Politik genau hinschauen sollte, wo und in welchem Maße Subventionen fließen, wann Investitionen tatsächlich Aussicht haben, Technologierückstand aufzuholen oder gar wettzumachen, und wann sie bei annähernd gleichem internationalen Entwicklungsstand Startvorteile auf den globalen Märkten versprechen. All dies erfordert nicht zuletzt Marktexpertise, wo Subventionen gesamtwirtschaftliche und nicht nur sektorspezifische Wettbewerbsvorteile bewirken, oder wo sie lediglich zu einer Umverteilung zwischen Branchen führen und Investitionen in bessere Standortbedingungen am Ende die womöglich vielversprechendere Lösung sind.

Deutschland wickelt heute etwa zwei Drittel seines Handels mit der EU-27 und Großbritannien ab. Demgegenüber hängen gerade einmal 2,7 % unseres Bruttoinlandprodukts von der chinesischen Endnachfrage ab, ähnlich dem Anteil der USA am deutschen BIP (beide zusammengenommen kommen auf knapp 6 %!). Das Problem ist dabei vor allem die starke Konzentration auf unsere Großindustrie (etwa ein Drittel ihres Umsatzes erwirtschaften Auto-, Chemie- und Pharmaindustrie in China), gesamtwirtschaftlich hingegen fällt China viel weniger ins Gewicht als allseits vermutet. Im Übrigen hat sich der Anteil Chinas an der deutschen Wertschöpfung in den vergangenen Jahren auf einem relativ konstanten Niveau gehalten. Die Bundesbank verweist zudem auf den vergleichsweise geringen Anteil Chinas am Gesamtumsatz ausländischer Tochtergesellschaften deutscher Unternehmen von knapp 8 % (knapp 200 Mrd. von insgesamt 2,4 Billionen Euro!).

Viel entscheidender aber ist, dass die wechselseitigen Abhängigkeiten doch stärker sind als sie oftmals dargestellt werden. Die Kosten einer kompletten wirtschaftlichen Abkopplung von China sind sicherlich erheblich, sie sind aber verkraftbar, wie das Institut für Weltwirtschaft (IfW) in Kiel unlängst vorrechnete. Im Fall Deutschlands betrüge er kurzfristig in etwa 5 % der Bruttonationalausgaben – ein Wert, der in etwa dem Einbruch der deutschen Wirtschaft im ersten Jahr der Covid-Pandemie entspricht. Auf mittlere bis lange Sicht wäre der Ausfall hingegen weitaus geringer (1,5 %), da deutsche Unternehmen sich natürlich in Richtung vor allem des westlichen Wirtschaftsblocks umorientieren würden (IfW 2023); nach Umfragen des Münchner Ifo-Instituts arbeiten heute bereits etwa 75 % der deutschen Unternehmen daran, ihre Lieferketten zu diversifizieren. Interessanter aber ist, was das IfW mit Blick auf China festhält: die Kosten einer Abkopplung sind in Relation zur Wirtschaftskraft, ähnlich wie für Russland, sowohl kurz- wie langfristig höher als für jedes andere westliche Land, im Fall Deutschlands etwa 60 %!

Will China seinen steigenden Wohlstand sicherstellen, ist die Orientierung Richtung Deutschland daher unverzichtbar. Beide Seiten beliefern sich in den Bereichen elektrische Maschinen, Apparate und Geräte gegenseitig, wobei China hochwertige Technologie vor allem bei Mess- und Prüfinstrumenten, Luft- und Raumfahrzeugen sowie Arzneimitteln bezieht. Die Abhängigkeit Chinas aber gilt vor allem, wenn man die Vorzüge der deutschen Eingebundenheit in den europäischen Binnenmarkt und den Euro mitberücksichtigt. Ansonsten spielt Deutschland als Zulieferer und Absatzmarkt aus chinesischer Perspektive tatsächlich keine überragende Rolle.

China ist nach wie vor stärker von der EU als wichtigstem Zulieferer und zweitwichtigstem Absatzmarkt abhängig als umgekehrt (zumindest in Bezug auf die Bruttoexporte) und daher eigentlich nicht an einem größeren Handelskonflikt mit Deutschland interessiert – zumal vor dem Hintergrund des eskalierenden Handelsstreits mit den USA. Eine Abkopplung von beiden Märkten, sprich vom Westen insgesamt, muss das Land momentan mindestens genauso fürchten wie Deutschland umgekehrt die Abkopplung vom chinesischen Markt fürchtet. Dagegen ist die Abhängigkeit von europäischen Exporten nach den USA im Übrigen nach wie vor größer als umgekehrt.

## Europa als Hebel, die USA als Verbündeter

Die erste zentrale Prämisse deutscher Außenhandelspolitik muss daher die konsequente Stärkung einer geoökonomisch handlungsfähigen EU sein, wie sie im vorangegangenen Kapitel skizziert wurde. Der Binnenmarkt ist auch Deutschlands verlässlichster Hebel, wenn es darum geht, Handelspartner zu einem annähernd regelkonformen und reziproken Verhalten zu bewegen. Und solange das Einstimmigkeitsprinzip in Fragen der Energiesicherheit oder der europäischen Sanktionspolitik die Umsetzung geoökonomischer Instrumente verzögert oder gar verhindert, ist es umso dringlicher, dass Deutschland sich nicht nur vordergründig für institutionelle Reformen einsetzt, sondern vor allem nennenswerte finanzielle Mittel in die Hand nimmt, um die EU insgesamt bei der Durchsetzung geoökonomischer Interessen zu unterstützen. Mit seinem Finanzgewicht kann Deutschland entscheidend dazu beitragen, die europäische Handels- und Industriepolitik zu prägen. Zögern wie im Fall der Reaktion bei den Waffenlieferungen oder Alleingänge wie im Fall eines Öl-/Gasembargos oder eines europäischen Gaspreisdeckels untergraben daher dringend nötige europäische Solidarität und Handlungsfähigkeit. Da helfen auch keine Beteuerungen, immerhin trage man in etwa ein Viertel des EU-Haushalts.

Gleichzeitig sollte die doppelte (sicherheitspolitische wie ökonomische) Abhängigkeit von den USA, dies ist die zweite Prämisse deutscher Außenhandelspolitik, keine Zweifel daran aufkommen lassen, an wessen Seite Deutschland im geoökonomischen Machtkampf zwischen China und den USA steht. Keinesfalls sollte man auf eine Rückkehr von Zeiten hoffen, da man in Berlin getrost eine Politik der Äquidistanz zwischen beiden Wirtschaftsblöcken betreiben konnte (Jäger 2022). Zu groß sind die außenwirtschaftlichen wie sicherheitspolitischen Gefahren, die v. a. von der Achse Chinas mit Russland, Iran und Nordkorea ausgehen.

Bei Fragen des Zugangs zu und der Kontrolle über wichtige Ressourcen und Zwischenprodukte, der Sicherung von Handelsrouten und des Einflusses auf die Stabilität von ökonomisch wichtigen Partnern wird Deutschland seine Abhängigkeiten und Verwundbarkeiten nicht kurzfristig reduzieren können. Viel zu lange hat das Land den Anteil kritischer Rohstoffe an insgesamt eindrucksvollen Importvolumen chronisch unterschätzt. Im besten Fall beschränkten sich Statistiken in der Vergangenheit darauf, in etwa die Ersetzbarkeit solcher Rohstoffe zu prüfen bzw. zu dokumentieren. In der Diversifizierung der Beschaffungsländer von Rohstoffen liegt daher die größte Herausforderung für Deutschland und Europa. Und sie ist ungleich schwerer zu organisieren als bei Endprodukten, wo Freihandelsabkommen mit Schwellen- und Entwicklungsländern die beste Chance bieten, Unternehmen bei der Diversifizierung ihrer Lieferketten zu unterstützen.

Zwar reagierte das Land rasch auf die einseitige Energieabhängigkeit von Russland. Dennoch ist es erstaunlich, dass es angesichts des Ausstiegs aus Kohle und Atomkraft erst eines derartigen Schockerlebnisses bedurfte, bevor Deutschland ernsthaft Ausschau hielt nach europäischen Partnern im Mittelmeerraum. Dabei wäre schon aus ideologischen Gründen nichts naheliegender gewesen als das. Angesichts der Tatsache, dass Deutschland nunmehr seit mehr als einer Dekade die Transformation der Wirtschaft in Richtung Dekarbonisierung betreibt, wäre es zumindest konsequent gewesen, den Bedarf an grünem Strom schon früher dort zu decken, wo die besten Voraussetzungen dafür herrschen. Erst jetzt aber scheint es dem politischen Berlin zu dämmern, dass die eigenen Kapazitäten in der Wind- und Solarenergie wahrscheinlich nicht ausreichen und dass der Mittelmeerraum, bestehend aus EU- und Nicht-EU-Ländern, entsprechende Kapazitäten bereitstellen kann. Das gilt auch mit Blick auf die Mittelmeerzugänge zum Flüssiggasangebot, das neben dem amerikanischen kurzfristig immerhin begrenzte Alternativen zu russischem Gas bietet.

Unabhängig davon muss Deutschlands Blick in Fragen der Rohstoffabhängigkeiten globaler werden. Die Sicherung der wichtigsten Handelsrouten ist für die Versorgung der deutschen Wirtschaft mit Rohstoffen aus dem Indo-Pazifik essenziell. Sie erfordert nicht nur einen größeren Beitrag im Sinne des militärischen Engagements, um Chinas aggressiven Verhalten in der Region zu begegnen; Peking meldet nicht nur im Inselstreit mit anderen Anrainern im Südchinesischen Meer völkerrechtswidrig Gebietsansprüche an, es betrachtet darüber hinaus Taiwan als abtrünnige Provinz, die wieder mit dem Festland vereinigt werden soll – notfalls mit militärischer Gewalt. Sie erfordert auch den Ausbau von strategischen Rohstoffpartnerschaften über China hinaus. Deutschland unterhält durchaus unterschiedlichste Kooperationen mit rohstoffreichen Staaten wie Chile, Peru oder der Mongolei. Die geopolitischen Veränderungen im Indo-Pazifik zwingen Berlin aber zu weiterer Diversifizierung.

Mit dem Indopazifik-Konzept, welches das mehr als drei Jahrzehnte dominierende Konstrukt des ostasiatisch-pazifischen Raums als geopolitischen Bezugsrahmen zahlreicher Staaten ablöst, werden die strategischen Karten in der Großregion neu gemischt. Allen voran die USA, Australien, Indien und Japan bestimmen die Zugehörigkeit zur Region, ihre Machtzentren und die thematischen Grundlagen der regionalen Kooperation. Dabei ist nicht zu übersehen, dass die sicherheitspolitischen Herausforderungen dominieren: der Indo-Pazifik wird als zunehmend umkämpftes maritimes Gebiet wahrgenommen, dem China durch den Bau künstlicher, militärisch genutzter Inseln im Südchinesischen Meer, die Modernisierung seiner Marine und unverhohlene Drohungen gegenüber anderen Anrainern seinen Stempel aufdrückt. In dieser Neukonstellation ist wenig Raum für europäische und deutsche Vorstellungen von multilateralen Formen der Zusammenarbeit. Stattdessen überwiegen bi- und plurilaterale, flexible Partnerschaften wie Quad und AUKUS. Verweigert man sich ihnen, riskiert man die Kritik gerade jener Länder, die man braucht (v. a. Indien und Australien), auf deren strategischen Herausforderungen durch China man aber nur halbherzig eingeht.

Dass sich die Veränderungen im Indo-Pazifik eher als ein Nullsummenspiel darstellen, bei dem sich strategische Partner der Region und NATO-Verbündete an die Seite der USA stellen, entspricht daher der Erwartungshaltung Washingtons. Und dass diese wiederum mit dem politischen

Signal verbunden ist, dass nur im Fall einer Unterstützung Washingtons in der Region Amerikas Engagement in Europa als gesichert gelten kann, liegt auf der Hand. Die Zeiten, da Amerikas nahezu vorbehaltlose Unterstützung Europas als im eigenen geostrategischen Interesse betrachtet wurde, sind zumal unter Trump vorbei. Mittlerweile erhöht sich der Druck auf Deutschland aber auch dadurch, dass sich eben jene Länder, die Berlin gerne in Erweiterung der G7-Staaten zur G 10 als strategische Partner im globalen Machtkampf mit Russland und China an der Seite Europas wünschte, klar positioniert haben. Bestes Beispiel dafür ist die so genannte AUKUS-Allianz zwischen den USA, Großbritannien und Australien; mittelfristig werden australische U-Boote atomar ausgestattet und aufs Engste mit amerikanischen und britischen Antriebs-, Waffen-und Aufklärungssystemen verbunden. Auch Südkorea und Japan verstärken ihre militärische Zusammenarbeit mit den USA und über den Quad-Bund halten die Demokratien Australien, Japan und die USA gemeinsam mit Indien mittlerweile erstmals Marinemanöver vor der australischen Küste ab. Schließlich plant AUKUS künftig die militärtechnologische Zusammenarbeit über das U-Boot-Projekt auch auf die Bereiche Künstliche Intelligenz und Cybertechnik auszuweiten.

Vor diesem Hintergrund wird Deutschland kaum umhinkommen, seinen 2020 verabschiedeten Indo-Pazifik-Leitlinien konkrete Initiativen folgen zu lassen, die über die symbolische Entsendung einer Fregatte (August 2021) oder die Teilnahme der deutschen Luftwaffe an einem Manöver im Norden Australiens (2022) hinaus seinen Anspruch auf ein ambitioniertes sicherheitspolitisches Engagement untermauern. Sicherlich wird es eine Dauerpräsenz der deutschen Marine so schnell nicht geben. Umfang und dauerhafte Verpflichtungen in der europäischen Nachbarschaft von der Ost- und Nordsee über den Atlantik bis zum Mittelmeer lassen dies nicht zu. Die rotierende Entsendung deutscher Kampfschiffe in die Region, der Ausbau von Technologiepartnerschaften und Rüstungsbeschaffungen und regelmäßige Übungen mit regionalen Partnern aber wären das Mindeste, was die Verbündeten mittelfristig erwarten.

Nach wie vor sind die Möglichkeiten im indo-pazifischen Raum ebenso wenig ausgeschöpft wie die Potenziale im Handel mit Afrika. In beiden Fällen beschränken sie sich auf den regelmäßigen Austausch und die Initiierung von gemeinsamen Projekten, ohne dass sich signifikant etwas an Erhöhung und Diversifizierung der Rohstoffexporte aus der Region geändert hätte. Indonesien, Indien, die Philippinen, Australien, Japan oder Myanmar sind alle potenzielle Kandidaten für solche Partnerschaften mit hohen Weltmarktanteilen für Nickel (Indonesien und Philippinen), Seltene Erden (Myanmar) oder Lithium (Australien). Sie haben gegenüber den afrikanischen Partnerschaften den Vorzug, dass sie mit Ausnahme von Myanmar vergleichsweise stabile innenpolitische Verhältnisse aufweisen. Im Fall von Marokko, woher Europa einen Großteil des für die Düngemittelproduktion unverzichtbaren Phosphors bezieht, hat der ungelöste Westsahara-Konflikt in der Vergangenheit immer wieder zu Behinderungen des Exports geführt. Noch heikler ist die Situation in Bezug auf die chronisch von innerstaatlichen und militärischen Konflikten heimgesuchte Demokratische Republik Kongo, aus der die EU fast 70 % ihres für die Batterieherstellung benötigten Kobalts- und 35 % ihres Tantalbedarfs bezieht. In allen Fällen können mithilfe der Förderinstrumente der Bundesregierung finanzintensive und risikoreiche Rohstoffprojekte auch langfristig unterstützt werden (Kullik 2021). Und keinesfalls sollte man sich dabei ausschließlich von dem Prinzip des „friend shoring" leiten lassen. Dies verringert Diversifizierung und macht die Wirtschaft schockanfälliger.

Schließlich bleibt ein letztes Instrument, das Deutschland über die EU und in Kooperation mit den USA stärker

## 4 Deutschlands bisheriges Wirtschaftsmodell ...

nutzen sollte, solange die Zeit dafür bleibt. Obwohl die EU das Sanktionsschwert mittlerweile wesentlich häufiger anwendet als in der Vergangenheit, bleibt es aufgrund des Einstimmigkeitsprinzips vor allem im Bereich Finanzen hinter seinen Möglichkeiten zurück. China wird in den verbleibenden 2020er-Jahren alles daransetzen, sich vom dollardominierten globalen Finanzsystem unabhängig zu machen. Und es ist wahrscheinlich, dass der chinesische Renminbi auf mittlere Sicht Marktanteile auf Kosten westlicher Währungen wie dem Dollar und dem Euro gewinnen wird. Saudi-Arabien hat die Führung in Peking bereits vorgeschlagen, dass von Riad bezogene Öl künftig in Renminbi auszuzeichnen und abzurechnen. Alipay und WeChat Pay nutzen eine Milliarde Chinesen für Transaktionen auch auf globalen Märkten.

Noch aber sind die Abhängigkeiten Chinas und der Weltwirtschaft von beiden führenden Weltleitwährungen und einem vor allem vom Dollar dominierten globalen Bankensystem nach wie vor groß. Die USA und die Eurozone verfügen unverändert über einen starken geoökonomischen Hebel gegenüber dem Rest der Welt im Bereich der sogenannten Nicht-Direktinvestitionen in Form von Portfolioströmen und grenzüberschreitenden Krediten und Einlagen. Im Fall von (Sekundär)Sanktionen verlieren Adressatenländer den Zugang zu den globalen Finanzmärkten und riskieren damit eine Abkopplung von nach wie vor überwiegend in Dollar fakturierten Handelsströmen. Noch ist der Renminbi weit davon entfernt, umgekehrt eine vergleichbare Hebelwirkung gegenüber europäischen und amerikanischen Wirtschaftsinteressen entfalten zu können.

Auch deswegen sollte Deutschland mehr investieren in den Ausbau der europäischen Finanz- und Währungspolitik, beispielsweise durch die Delegation finanzieller Sanktionskompetenzen an ein dem amerikanischen Office of Foreign Assets Control (OFAC) vergleichbares „Europäisches Amt für Auslandsvermögenskontrolle", oder auch im Bereich einer bereits länger diskutierten digitalen europäischen Zentralbankwährung. Etwaige Maßnahmen sind nicht nur gegenüber China ein wichtiges Signal, dass Deutschland gewillt ist, den europäischen Wirtschafts- und Währungsraum in globalen geoökonomischen Wettbewerb zu stärken. Sie sind auch ein Zeichen an Washington, das Instrument von Sekundärsanktionen in Bezug auf die europäischen Bündnispartner nicht allzu stark zu strapazieren.

Ansonsten aber erfordert gerade der Umgang mit Washington mehr Pragmatismus. Die üblichen antiamerikanische Reflexe, wie sie bereits im Zuge der Enttäuschung über Bidens Industriesubventionen, die auch gegen europäische Unternehmen gerichtet sind, zum Ausdruck kamen, helfen wenig. An sie wird man sich unter Trump erst recht gewöhnen müssen. Wo sie die europäischen Partner schädigen, sollten man vor Washington nicht in die Knie gehen und stattdessen selbstbewusst auf Reziprozität drängen. Darüber hinaus aber sollte man sich gerade in Deutschland der überragenden Bedeutung des transatlantischen Verhältnis in Zeiten des globalen Systemwettbewerbs bewusst sein. Russland und China befinden sich gemeinsam mit Staaten wie Nordkorea und Iran unverhohlen auf Konfrontationskurs mit Amerika wie Europa, was die nach wie stärkste Volkswirtschaft der Welt attraktiver denn je für europäische Unternehmen machen und Politiker vielmehr darin bestärken sollte, Amerikas industriepolitischer Herausforderung (die keinesfalls neu ist) nüchtern zu begegnen und verbal nicht gleich die protektionistische Keule zu schwingen. Dafür spricht auch die nach wie vor überragende Bedeutung des transatlantischen Handels: über die Hälfte des globalen Konsums wird darüber abgewickelt, mehr als 16 Mio. Arbeitsplätze sind davon abhängig und rund ein Drittel des globalen BIPs in Kaufkraftparitäten werden durch ihn generiert (Hamilton und Quinlan 2024).

## 4 Deutschlands bisheriges Wirtschaftsmodell ...

Natürlich erscheint ein Subventionswettlauf durch eine weniger rigide Anwendung des EU-Beihilferechts und weitere Schulden, wie sie vor allem in Paris und Brüssel diskutiert werden, auf den ersten Blick sinnvoll. So könnten europäische Unternehmen eventuell von Abwanderungen in Richtung USA in größerem Maße abgehalten werden. Tatsächlich aber haben alle politischen Klagen und Bedenken von europäischer Seite deutsche Unternehmen nicht daran gehindert, 2023 mehr Geld in US-Projekte zu investieren als je zuvor, Tendenz steigend. Dies ist auch dem gleichzeitigen Bedeutungsverlust des chinesischen Absatzmarktes und Investitionsstandorts geschuldet. Gleichzeitig aber verstärkt Washingtons Druck auf die europäischen Partner, Halbleitertechnologie und spezielle Produktionstechnik nicht nach China zu liefern, da ihnen ansonsten Sekundärsanktionen drohen, diesen Trend. Für deutsche wie europäische Unternehmen ist der amerikanische Markt viel zu wichtig, als dass sie sich Washingtons Forderungen von vornherein verweigern könnten, zumal das Land sich einmal mehr in Krisenzeiten als ausgesprochen anpassungsfähig und seine Wirtschaft als robust erweist.

Es ist davon auszugehen, dass sich Trumps Protektionismus überwiegend negativ auf die deutsche Wirtschaft auswirken wird. Die rigorose „America first"-Politik wird die US-Wirtschaft 2025 durch Deregulierungen und schuldenfinanzierte Steuersenkungen zwar kurzfristig stärken, wovon zum Teil auch die Weltwirtschaft profitieren könnte. Auf der anderen Seite aber dürfte die Erhebung von Zöllen die Inflationsrate durch Verteuerung der Importe stärker steigen lassen, worauf die Fed ihre Zinsen weniger stark senken kann. Die klassische Reaktion an den Devisenmärkten dürfte den Dollar zunächst aufwerten und damit den amerikanischen Kapitalmarkt für Anleger weiterhin attraktiv sein lassen. Schon bald aber könnten sich Trumps Fiskalpolitik und seine Pläne eines Rückgangs der Arbeitsmigration negativ auf die Wirtschaft auswirken, da sie den

Inflationsdruck zusätzlich erhöhen und die Staatsverschuldung weiter dramatisch steigern.

Wie immer sich Trumps Wirtschaftspolitik am Ende gestalten wird, Deutschland täte gut daran, sie auch als Chance für die deutsche Wirtschaft zu sehen. Anstatt nur über Gegenzölle zu spekulieren, sollte man darüber nachdenken, wie die Situation der eigenen Unternehmen zu Hause und auf den Weltmärkten gestärkt werden kann – nämlich durch Abgaben- und Steuersenkungen, niedrigere Energiekosten, mehr Digitalisierung und weniger Bürokratie. Und bei aller Kritik am deutschen Exportmodell aus Washington sollte nicht übersehen werden, dass die USA in der letzten Dekade dennoch der größte Abnehmer deutscher Produkte waren und dass Deutschland wiederum mit Direktinvestitionen von fast 660 Mrd. Dollar Rang drei unter den größten Investoren in den USA einnimmt. Dagegen ist der US-Handel mit China seit Jahren rückläufig trotz weiterhin höherer Abhängigkeit vom chinesischen Markt im Vergleich zu Europa. Schon deswegen dürften sich Trumps Außenhandelspläne vor allem gegen China richten.

Schon in Bezug auf den *„Inflation Reduction Act"* (IRA) überwogen zunächst die Bedenken, bevor die von Biden am Ende in Aussicht gestellte Teilhabe an der aus Kanada, den USA und Mexiko bestehenden Freihandelszone (USMCA) aus Sicht der deutschen Politik und Wirtschaft die vom IRA ausgehenden Risiken allemal (Hüther und Matthes 2023) überwog. Statt die Konfrontation mit den USA zu suchen, sollte man sich in Europa und Deutschland, gleich unter welchem Präsidenten, zunächst Gedanken darüber machen, wie man gemeinsam globale Standards und Normen für grüne Zukunftstechnologien setzt, Industriezölle in diesem Bereich abschafft und gegenseitigen Marktzugang garantiert.

Im Übrigen gilt: Das von der Biden-Regierung beschlossene IRA-Paket umfasst knapp 370 Mrd. US-Dollar an finanziellen Anreizen für Investitionen in „Grüne Technologien" über zehn Jahre hinweg. Das entspricht weniger als zwei Prozent der Wirtschaftsleistung der USA bzw. etwa 0,1 % des jährlichen US-BIPs. Zwei Drittel davon sind im Übrigen für Steuervergünstigungen vorgesehen, die bislang nicht gedeckelt sind, ein Drittel lediglich für Zuschüsse. Im Vergleich: Alleine das auf sieben Jahre angelegte „Next Generation EU-Programm" ist, bezogen auf die jährliche Wirtschaftsleistung, deutlich umfangreicher; durchschnittlich beträgt die EU-Förderung für Erneuerbare 80 Mrd. € (Kleinmann et al. 2023). Gleiches gilt für den wirtschaftlichen Schutzschirm der Bundesregierung in Höhe von 200 Mrd. € für gerade einmal 18 Monate oder auch Frankreichs knapp 100 Mrd., die man zur Inflationsbekämpfung bis Anfang 2023 bereitgestellt hat. Und bei all diesen Fördertöpfen sind die aus dem Corona-Aufbaufonds (700 Mrd. € bis 2026) allein für die Klimaziele veranschlagten Mittel in Höhe von 40 % noch gar nicht eingerechnet. Für Volkswirtschaften, deren BIP etwa einem Viertel des amerikanischen entsprechen, klingen die Vorwürfe eines von den USA lancierten Subventionswettlaufs angesichts solcher Größenordnungen unglaubwürdig. Und der Blick auf die Rolle des Staates, da muss man sich auch in Berlin nichts vormachen, hat sich während der Finanz- und Coronakrise in Europa stark verändert.

Statt in Panik zu geraten, weil Absatzmärkte wegbrechen oder man im Technologiewettbewerb mit den USA und China weiter zurückzufallen könnte, sollten sich Europäer, allen voran die beiden größten Volkswirtschaften Deutschland und Frankreich, auf die eigenen Stärken besinnen und die Chancen solcher Subventionen für die heimischen Konsumenten sehen. Während der IRA das US-Wirtschaftswachstum über den anfänglichen Ausgabenzuwachs kaum beschleunigen konnte (Posen 2023) und sich für amerikanische Verbraucher am Ende sogar als Inflationstreiber herausstellte, weil Importpreise in anderen Sektoren, in denen den USA aufgrund der Umschichtung in Richtung grüner Technologien freie Kapazitäten fehlen, stiegen, könnte in Europa das Gegenteil passieren. So kann die amerikanische Ausgrenzung von Unternehmen, die den *„local content"*-Vorgaben des IRA nicht folgen, Europa als alternativen Absatzmarkt attraktiver machen, hier also das Warenangebot erhöhen und Preise senken. Immerhin beziehen die USA laut einer Analyse des Deutschen Instituts für Wirtschaftsforschung (DIW) etwa 75 % ihrer kritischen Rohstoffe aus Staaten, mit denen sie kein Freihandelsabkommen haben. Zusätzlich eröffnet es Europa und Deutschland die Möglichkeit, Produkte und erneuerbare Energieanlagen künftig verstärkt aus den USA zu beziehen und damit einseitige Abhängigkeiten von China abzubauen. Die europäischen Spielräume für die eigenständige Chinapolitik der Vergangenheit werden angesichts des angespannten Verhältnisses zwischen Peking und Washington auf absehbare Zeit sehr eng sein. Insgesamt befördert der Trend zu mehr heimischer Produktion somit gleichzeitig die Diversifizierung internationaler Produktion.

Übersehen wird auch, dass die USA in den letzten Jahren an Attraktivität für ausländische Investitionen, abgesehen von den deutschen, eingebüßt haben. Ansiedlungen neuer ausländischer Unternehmen „auf der grünen Wiese" reduzierten sich von knapp 20 Mrd. US-Dollar im Jahr 2014 auf unter 5 Mrd. US-Dollar im Jahr 2021. Daran hat auch die massive Reduzierung der Unternehmenssteuer von 35 auf 21 % im Jahr 2017 nichts geändert. Das deutet auf tiefer gehende Probleme hin, die auch durch Steuer- oder andere finanzielle Anreize, wie sie das IRA vorsieht, nicht gelöst werden können. Auch vor diesem Hintergrund bleibt abzuwarten, wie sich die von Trump angekündigten Steuererleichterungen und der Abbau von Regulierungen auf das Investitionsverhalten europäischer wie deutscher Unternehmen in Richtung USA am Ende auswirken werden.

Daher nochmals: ein Subventionswettbewerb schadet beiden Seiten gleichermaßen und nutzt allenfalls einigen Anteilseignern der an sich schon selbst sehr profitablen Tech-Firmen, die von solchen Subventionen profitieren, und natürlich den Systemherausforderern in Peking und Moskau. Gesamtwirtschaftlich aber nutzt er wenig und führt eher zu größeren Belastungen anderer Wirtschaftsbereiche. Wenn man Fachkräfte mit Fördermitteln aus Steuergeldern in weniger wettbewerbsfähige Sektor wie etwa die Chipproduktion zieht, fehlen sie in anderen Bereichen. Dagegen kann auch die größere Gefahr von staatlichen Defiziten sprechen, zumal wenn solche Subventionen, wie im Fall des IRA, unbegrenzt sind. Solange sich Investoren in den USA an die Auflagen halten, muss der Staat zahlen. Es kommt also darauf an, dass die staatlichen Förderungen so viel Wachstum erzeugen, dass die Schulden bedient werden können. Verpuffen die Gelder aufgrund fehlender qualifizierter Fachkräfte für die neuen High-Tech-Firmen, steigt das Inflationspotenzial nochmals erheblich. Die Verschärfung des Wettbewerbs um ausländische Investitionen durch den IRA sollte daher anstatt zu mehr Subventionen eher zu verstärkten Anstrengungen in Europa führen, den Verbleib hiesiger Unternehmen durch Effizienzsteigerungen bei der Industrieproduktion zu unterstützen; das geht über die Stellschrauben der Lohnstückkosten, der Nettoumsatzrenditen wie optimierter Standortbedingungen in den Bereichen Fachkräfte wie Infrastruktur.

Das heißt nicht, dass sich Europa im Sinne der Reziprozität und Verhältnismäßigkeit nicht punktuell, wie etwa durch Androhung der Digitalsteuer oder eines $CO_2$-Zolls an den Außengrenzen, auch wettbewerbsverzerrender amerikanischer Vorstöße erwehren sollte; das sollte auch unter einer Trump-Administration gelten. Amerika wird auf unbestimmte Zeit protektionistisch bleiben; dies entspricht der momentanen Grundhaltung im Lande. Wie China wird es nicht vor solchen Maßnahmen zurückschrecken. Es heißt auch nicht, dass Deutschland nicht gemeinsam mit seinen europäischen Partnern solche zukunftsfähigen Branchen fördern sollte, die auch in Peking und Washington gezielte Unterstützung erhalten. Es macht Sinn, dass Unternehmen in Europa das bekommen, was ihnen an Subventionen und Steuernachlässen anderswo in Aussicht gestellt wird. Und es macht wie oben geschildert auch Sinn, wenn neben dem Buhlen um Unternehmen auch Restriktionen für Beteiligungen oder Exporte sowie Sanktionen zum Instrumentenkasten der Europäer gehören. Die USA haben in der der Vergangenheit trotz anderslautender Rhetorik vom schlanken Staat immer klassische Industriepolitik betrieben, indem sie Forschungs- und Entwicklungsaufträge aus dem Pentagon heraus vergaben und bis in die 1960er-Jahre hinein fast die komplette Mikrochipproduktion kauften, die später auch die Erfolgsgeschichte des Silicon Valley ermöglichte.

Warum sollten nicht auch Europa und Deutschland davon lernen? Die Diskussion innerhalb Europas kreist schon viel zu lange um den fortwährenden deutsch-französischen Antagonismus zwischen einer die heimische Wettbewerbsfähigkeit stärkenden Ordnungspolitik, ergänzt durch sozialliberale Elemente, die den Herausforderungen der Globalisierung begegnet (Deutschland), und einer Industriepolitik, die auf umfangreiche staatliche Investitionen und stärkeren Interventionismus setzt (Frankreich). Die Sorge um die Abwanderung von Unternehmen und ganzer Industriezweige im Standortwettbewerb mit den USA und China um zukünftige klimaneutrale Technologien ist ungeachtet aktueller Trends überzogen. Deutschland fehlt es nach wie vor an der Einsicht, dass beides geht, wenn das Zusammenspiel von Staat und Privatwirtschaft flexibel genug gestaltet wird. Weder Markt noch Staat regeln alles. Europäische Hilfen zur Einführung neuer Technologien oder für Forschung und Entwicklung sind ebenso sinnvoll wie die Abstimmung in

## 4 Deutschlands bisheriges Wirtschaftsmodell …

Fragen der Lieferketten, an gemeinsamen Zielen orientierte und harmonisierte EU-Vorschriften sowie grenzüberschreitende Industrieallianzen. Deutschland sollte sich offener gegenüber Frankreichs Vorstellungen von europäischer Souveränität in Bezug auf eine besser abgestimmte europäische Industriepolitik zeigen. Nur weil die ökonomischen Perspektiven Frankreichs in jüngster Vergangenheit weniger rosig gewesen sind, heißt das nicht, dass auch die aus künftigen gemeinsamen Projekten resultierenden Haftungsrisiken die deutsche Bonität gefährden müssen. Und abgesehen davon: Wer wie Berlin europäische Projekte wie der Militärtransporter von Airbus oder die Trägerrakete der Arianegroup jahrelang auf die lange Bank geschoben und dadurch Kostensteigerungen verursacht hat, weil er in der eigenen Bürokratie erstickt und keinen verlässlichen Zugang zu einer technologisch leistungsfähigen Industrie hatte, der sollte französischen Angeboten mit weniger Desinteresse begegnen, als dies in der Vergangenheit der Fall war. Die Rüstungskooperation mit Frankreich scheiterte in Paris nicht zuletzt daran, dass der Bundesregierung die industriell-technologische Beitragsfähigkeit fehlte und sie von der Industrie anderer Staaten und deren Regierungen abhängig war, etwa wenn es um Exportgenehmigungen oder Produktionsgarantien ging (Mölling 2023).

Das Blatt kann sich schnell wenden, wenn die notwendige Flexibilität fehlt: In den letzten Jahren ist das lange als unternehmerfeindlich gescholtene Frankreich zu einem der beliebtesten Standorte Europas für ausländische Investitionen geworden. Dank Steuervergünstigungen und eines insgesamt besseren Wirtschaftsumfelds durch Reformen des Rentensystems und des Arbeitsmarkts zeigt die französische Investitionsquote nach oben und bringt die Industrieförderung mittlerweile beträchtliche Renditen. Deutschland hingegen tut sich schwer und steckt in einer politischen Krise, die seine wirtschaftlichen Aussichten tangiert, auch wenn es deshalb nicht schon wieder der „kranke Mann Europas" ist. Anstatt den alten Gegensatz zwischen den beiden Volkswirtschaften zu bemühen und durch nationale protektionistische Agenden den Binnenmarkt zu unterminieren sollte man sich gerade hierzulande offener zeigen für deutsch-französische, und um andere Partner wie Polen, Italien oder Spanien erweiterte Projekte, die Europa stärken. Dies gilt für die Rüstungskooperation ebenso wie für die Sektoren KI und Digitalisierung.

Dabei gilt es sehr genau hinzuschauen, wo solche Maßnahmen ein Risiko für den Wettbewerb darstellen. Die Vorstellungen der EU, wonach ausgerechnet solche Unternehmen durch die Mitgliedstaaten subventioniert werden dürfen, die aus anderen Drittstaaten Staatshilfen geltend machen, führt zu besagtem Subventionswettlauf und dazu, dass Unternehmen Investitionen in ihre Wettbewerbsfähigkeit eventuell zurückstellen. Darüber hinaus liegt es gerade im deutschen Interesse, den eigenen Standort und die Wettbewerbsfähigkeit der Zukunftsindustrien durch Verbesserung der Infrastruktur, Digitalisierung und Entbürokratisierung der Verwaltung, verlässliche Energieversorgung und ein modernes Einwanderungsrecht zu stärken. Das ist Industriepolitik, die verhindert, dass Unternehmen hierzulande wegen hoher Strompreise, bürokratischer Hürden und schleppender Genehmigungsverfahren (wie zuletzt in den Fällen der Batteriefabrik von Tesla im brandenburgischen Grünheide oder der Chipfabrik von Intel in Magdeburg) abwandern. Dies wären Reformen für mehr Wirtschaftswachstum, die durch die Rückkehr Trumps in Deutschland jetzt vielleicht entschiedener angegangen werden. Und hier kann Deutschland nach wie vor vom offenkundig schnelleren und weniger bürokratischen Weg in den USA lernen.

# 5

# Vom Ende der westlichen Selbstgefälligkeit

Wohin steuert die Welt, wohin steuern Europa und Deutschland? Das Klima hat sich für Demokratien spätestens im laufenden dritten Jahrzehnt des 21. Jahrhunderts merklich abgekühlt. Angeführt von Russland und China schicken sich Autokratien an, den Westen herauszufordern – nicht allein zur Stärkung ihrer Machtposition in Innern, sondern auch über ihre Grenzen hinaus. Verbunden damit ist eine multipolare (Un)ordnung, in der sich der Wunsch Europas nach dem „ewigen Frieden" nicht erfüllte. Die weltweite Abkehr von der Demokratie ist vielmehr mit dem Vormarsch eines gegen den Westen gerichteten Autoritarismus verbunden, der seinen aggressivsten Ausdruck in Putins Invasion der Ukraine findet. Das jahrzehntelange Sicherheitsgefühl ist nachhaltig erschüttert und fordert einen Mentalitätswandel in den westlichen Gesellschaften weg vom bekehrenden hin zu einem pragmatischen Umgang mit anderen Machtzentren dieser Welt.

Dabei geht es nicht um die Aufgabe der Idee von der Universalität liberaler Wertvorstellungen, sondern um die Anerkennung jeweils unterschiedlicher politischer, historischer und kultureller Kontexte. Umso konsequenter festhalten aber müssen Demokratien an den Grundregeln der internationalen Ordnung, zu der sich die überwältigende Mehrheit der internationalen Staatenwelt über die Charta der Vereinten Nationen bekannt hat. Der Kampf gegen Autokratien hat nur dann Erfolg, wenn der Westen zum einen die Grundlage für die Erneuerung des eigenen Gesellschaftsvertrags schafft, indem er ihnen das Gefühl des Sicherheitsverlusts u. a. durch mangelnde Regulierung globaler Konzerne, Cyberattacken gegen Politik, Gesellschaft und Unternehmen vor allem der Rüstungsindustrie, unkontrollierte Migration oder Klimawandel nimmt, zum anderen Allianzen mit solchen Staaten schmiedet, deren Schutz vor revisionistischer Großmachtpolitik einzig im konsequenten Eintreten für die Grundprinzipien des Völkerrechts liegt. Der Westen braucht daher vor allem Partner, die sich nicht durch Demokratisierung ohne Mitsprache vom Westen gegängelt fühlen, sondern bereit sind, die wenigen zentralen, alternativlosen Spielregeln im internationalen System – Souveränität, territoriale Integrität, Nichteinmischungsprinzip und Gewaltverbot – weitgehend anzuerkennen.

Für die künftige europäische Sicherheitsarchitektur nach dem Ukrainekrieg (unabhängig davon, wie dessen Ausgang am Ende ist) zeichnen sich Grundrisse einer Ordnung ab, die zumindest in einem Punkt der des Kalten Krieges ähnelt – vorausgesetzt Washington lässt sich überzeugen, dass die Verteidigung Europas letztlich auch in seinem strategischen Interesse ist: ein mehr oder weniger geeintes Europa unter US-amerikanischer Mitwirkung in Abwehr der russischen Bedrohung. Die Idee einer schnellen EU-Eingreiftruppe, die mittelfristig über ihr eigenes Hauptquartier ver-

## 5 Vom Ende der westlichen Selbstgefälligkeit

fügt und gemeinsame Fähigkeiten bereithält, ist daher überlebenswichtig für Europa. Sie ist aber weniger relevant im Sinne der von Paris propagierten „strategischen Autonomie" Europas als vielmehr vor allem nötig, damit Europa bei der künftigen Lastenteilung in der Lage ist, die eigenen Südflanke zu stabilisieren und an der Seite Washingtons glaubwürdige Abschreckung in Richtung Osten zu projizieren. Letztere wird dabei aufgrund der geopolitischen Schwerpunktverlagerung des strategischen Fokus Europas in Richtung der östlichen Mitgliedstaaten der entscheidende Lackmustest für die EU und Deutschland. Ohne eine wie immer geartete europäische Armee bzw. glaubhafte Abschreckung wird Putin nur schwer zu beeindrucken sein. In der Konsequenz heißt das, dass Europa und vor allem Deutschland als natürliche Führungsmacht in der EU alles dafür tun müssen, den europäischen Pfeiler in der NATO endlich so zu stärken, wie es die Amerikaner seit nunmehr zwei Jahrzehnten zu Recht fordern. Europa ist der momentanen Herausforderung vor allem sicherheitspolitisch nicht gewachsen. Deshalb ist vorerst auch die seit Jahren schwelende Debatte um die künftige Arbeitsteilung zwischen NATO und der Gemeinsamen Europäischen Sicherheits- und Verteidigungspolitik zugunsten der Allianz entschieden – mit Konsequenzen im Übrigen auch für das post-Brexit Verhältnis zwischen EU und Großbritannien. Die in Folge des Brexits auftretenden Spannungen zwischen London und Brüssel über die künftige Ausrichtung britischer Außen- und Sicherheitspolitik dürften auf diese Weise abgefedert werden. Über das Bündnis wird London durch die „special relationship" mit Washington wieder eine prominentere sicherheitspolitische Rolle in Europa zugewiesen. Wie sehr diese Entwicklung wiederum die Position Frankreichs tangiert, zeigt das strategische Abkommen zwischen den USA, Großbritannien und Australien (AUKUS), mit welchem die politische Führung in Australien ein mit Frankreich zuvor ausgehandeltes Rüstungsgeschäft kurzfristig platzen ließ.

Nochmals, der Preis für diese Erkenntnis ist nicht die Aufgabe der Idee der „strategischen Autonomie" für Europa. Sie bleibt als Ziel angesichts der Unsicherheiten über die künftige Ausrichtung der USA bestehen. Unrealistisch aber ist die Idee, dass der angesprochene Bewusstseinswandel in der deutschen Bevölkerung unmittelbar auch den erforderlichen Mentalitätswandel mit sich bringt. Strategische Kulturen sind semi-permanente Phänomene, deren Charakter sich durch externe Schocks verändern mag, deren Beharrungskräfte aber nicht unterschätzt werden dürfen. Die hohen Zustimmungsraten, die das NATO-Bündnis wie auch die Partnerschaft mit den USA nunmehr wieder erfahren, zeigen, dass die europäischen Gesellschaften instinktiv spüren, dass dieser Prozess nicht über Nacht herbeizuführen ist und dass aus diesem Grund NATO und das Bündnis mit den USA die entscheidende Rückversicherung für Europas Sicherheit bleiben. Will man diese allerdings erhalten – und dafür gibt es zumal nach der Wiederwahl Trumps keine Garantie, dann muss man sich zumindest mit allen verfügbaren Mitteln auf das mögliche Szenario einer Unterstützung der Ukraine bzw. des Schutzes Europas ohne die Amerikaner einstellen. Dies gilt insbesondere für Deutschland.

Wie das erfolgen kann, liegt auf der Hand. Auf europäischer Ebene sind große Vertragsänderungen im Bereich der europäischen Außen- und Sicherheitspolitik weiterhin illusorisch. „Mehr Europa" auf diesem Gebiet erfordert vor allem eine weitere Flexibilisierung der GSVP. Das bedeutet, ebenfalls kein neuer Gedanke, die Gemeinsamkeit derjenigen Staaten stärken, die im Rahmen von sogenannten „Koalitionen von Handlungswilligen" bereit sind in der Verteidigung voranzuschreiten. Das gilt global, es gilt innerhalb der NATO, wo auch das Einstimmigkeitsprinzip gilt, und es muss auch innerhalb der EU gelten. Nicht mehr Vergemeinschaftung, sondern stärkere Zusammenarbeit einzelner Mitgliedstaaten lautet das Gebot der Stunde. Und diese lässt sich allemal leichter im Rahmen des Bündnisses als über die Schiene der GSVP umsetzen.

Für Deutschland wiederum bedeutet dies, jetzt endlich seine Verteidigungskapazitäten hochzufahren und handlungs- wie führungsfähig zu werden – und zwar nicht durch Notlagenbeschlüsse und Sondervermögen, die bis 2027 aufgebraucht sind. Die Gefahr für die Sicherheit des Landes wie Europas insgesamt durch die Achse Moskau-Peking und anderer Autokratien ist real und sie erfordert dringend Nettoinvestitionen in ihre Verteidigung; dies gilt insbesondere für die seit Jahrzehnten unterfinanzierte Bundeswehr. Und solange aufgrund der kritischen Lage der Wirtschaft die benötigten Mittel (ab 2027 jährlich 30–40 Mrd. € mindestens!) nicht im regulären Haushalt verankert werden können, weil entsprechende Ausgabenkürzungen in anderen Etats unrealistisch bzw. nicht mehrheitsfähig sind, müssen diese Mittel jetzt von der Schuldenbremse ausgenommen oder weitere Sondervermögen geschaffen werden.

Dies ist auch aus einem anderen Grund alternativlos. Auch nach dem Ende des Krieges in der Ukraine wird die Frage der Erweiterung eine große Herausforderung für die Union bleiben, ja sie stellt Brüssel und die Mitgliedstaaten vor ein Dilemma. Während die Position des Bündnisses am Ende vielleicht sogar unter Trump gestärkt wird, vollzieht sich auch eine Machtverschiebung innerhalb der EU zugunsten der östlichen Mitgliedstaaten. Washington könnte aus geostrategischen Gründen weiterhin auf eine Erweiterung der EU und NATO drängen – eine Position, die es mit Polen und den baltischen Staaten teilt. Diese Entwicklung könnte die Kosten für die reichen nordwestlichen Mitgliedstaaten erhöhen. Angesichts der Flüchtlingsströme aus der Ukraine in Richtung Polen werden Rufe der Deutschen und Niederländer nach einer liberaleren Flüchtlingspolitik in Europa verhallen. Ebenso wenig wird Washington eine Erweiterungspolitik unterstützen, die unverändert meint am Prinzip der Konditionalität festhalten zu können. Vielmehr wird es jede Erweiterung unter das Primat einer damit verbundenen Stärkung des Bündnisses und des Kampfes gegen die Systemherausforderer stellen. Genau das meinte Biden, als er vom wahrscheinlichen Krieg über Jahre und den dafür erforderlichen langen Atem sprach. Ziel ist das Scheitern Putins und des Nachfolgeregimes in Moskau mit allen politischen, ökonomischen und militärischen Mitteln, solange sich nicht ein radikaler Sinneswandel in Russland durchsetzt. Dafür braucht es die Bereitschaft der Europäer, amerikanische Truppen und militärisches Gerät zu stationieren, nicht aber die pedantische Erfüllung von Stabilitätskriterien. Diese „neue" Machtachse könnte das deutsch-französische Führungstandem in Europa ablösen.

Angesichts der Kosten für den Wiederaufbau der Ukraine werden die USA außerdem das alte Narrativ wieder bemühen, wonach die EU vor allem die finanziellen Kosten für die Heranführung der Ukraine, Georgiens, Moldawiens und der Balkanstaaten (Albanien, Bosnien-Herzegowina, Nord-Mazedonien, Montenegro, Kosovo und Serbien) zu tragen haben. Die EU würde einmal mehr zum Wartezimmer für eine NATO-Mitgliedschaft, zumal letztere auf absehbare Zeit unrealistisch erscheint. Dies wiederum dürfte die bekannten, vor allem französischen Bedenken hervorrufen, dass Erweiterung nicht ohne vorherige Vertiefung zu haben ist, sprich eine gründliche Reform der Entscheidungsprozesse (Streeck 2022).

Der Zusammenhalt der Gemeinschaft wird somit einmal mehr aufs Äußerste strapaziert werden. Der Verantwortung gegenüber den Beitrittsaspiranten will und wird sich die EU zwar nicht entziehen können. Gleichzeitig aber vergrößert sich der Kreis der „illiberalen Demokratien" und

## 5 Vom Ende der westlichen Selbstgefälligkeit

werden Staaten aufgenommen, die sich teilweise der politischen Kultur von Putins Russland eher verbunden fühlen als der Europäischen Union. Auch deshalb hat Frankreich bereits eine „Europäische Politische Gemeinschaft" als eine Vorform der Mitgliedschaft vorgeschlagen, der auch Staaten angehören können, bei denen es zweifelhaft ist, ob sie jemals die Voraussetzungen einer Vollmitgliedschaft in der EU erfüllen werden.

Die Erweiterungsfrage wird so zu einer Gratwanderung für die Union zwischen legitimen Sicherheitsinteressen der Beitrittsaspiranten und dem geostrategischen Interesse Washingtons auf der einen Seite und der drohenden Handlungsunfähigkeit der Union in Folge einer möglichen Überdehnung auf der anderen Seite. Und es ist absehbar, dass sich diejenigen, die von einer „europäischen Souveränität" oder einer „souveränen Europäischen Union" sprechen, eben genau Letzteres wünschen – eine Union, die handlungsfähiger ist als die von heute.

Eines aber ist klar. Die Europäer werden ihr weltpolitisches Gewicht nur durch engere Zusammenarbeit vergrößern, und Deutschland kommt dabei, auch wenn es mittlerweile abgedroschen klingt, eine zentrale Rolle zu. Dies ist nicht nur eine strategische Notwendigkeit, weil Russland und China den Anlass dazu geben. Es ist auch erforderlich, weil die Zukunft ihres unverändert wichtigsten Verbündeten seit den US-Wahlen im November 2024 ungewisser denn je ist. Trumps Rückkehr hat in jedem Fall gravierende Konsequenzen für die Stabilität des Kontinents.

Alles zusammengenommen lässt für die EU/Deutschland während und über den Ukrainekrieg hinaus nur eine pragmatische Doppelstrategie zu: Da der erforderliche Struktur- und Mentalitätswandel Jahre braucht, bleibt die Sicherheitspartnerschaft mit den USA vorerst unverzichtbar. Um diese zu erhalten, müssen die europäischen NATO-Beiträge allerdings auf wenigstens 50 % der derzeitigen NATO-Planungen steigen. Nur wenn vor allem die europäischen NATO-Mitglieder ihren Beitrag zur Stärkung der Luft- und Flugabwehrverteidigung sowie Cyberabwehr an der Nordost- und Südostflanke des euro-atlantischen Raums erhöhen und dabei auch Moskaus nukleare Optionen ins Kalkül ziehen, kann die Abschreckungsfunktion auch aus europäischer Sicht ihre Wirkung in Moskau entfalten.

Darüber hinaus dürften die Übernahme größerer Verantwortung durch Europa im Nahen und Mittleren Osten, eine gemeinsame Rüstungsbeschaffung sowie vor allem eine aktivere Asienpolitik helfen, das Verhältnis zwischen der Union und den USA auf eine dauerhaft neue Grundlage zu stellen. Ob damit dann das Ziel der strategischen Autonomie tatsächlich wieder entbehrlich würde wie zu Zeiten des Kalten Krieges, mögen Optimisten hoffen. Sich darauf zu verlassen, wäre allerdings fahrlässig. Insofern ist es beruhigend, dass beide Entwicklungen immer auch dem Langfristziel glaubwürdiger strategischer Autonomie dienen.

Eine womöglich größere Herausforderung als die sicherheitspolitische Bedrohung Europas und Deutschlands durch Russland stellen die in diesem Buch skizzierten Umbrüche in der Weltwirtschaft dar. Der weltweite Einsatz von wirtschaftspolitischen Instrumenten als Waffe gegen Systemgegner oder Konkurrenten führt zwangsläufig dazu, das Europa und Deutschland ihre Handelspolitik stärker an Sicherheitsinteressen ausrichten müssen. Beide stehen inmitten eines technologischen kalten Krieges, der nicht nur seinen Preis hat, sondern auch ihre offenen Gesellschaften unter Druck bringt. Die Analogie von einem neuen Kalten Krieg ist dabei keinesfalls übertrieben: So wie es in der Nachkriegszeit galt, eine gemeinsame Front gegen den sowjetischen Expansionismus zu entwickeln, stehen Europa und Deutschland heute vor der Herausforderung, mit den USA eine gemeinsame Strategie vor allem gegen China durch fortschrittliches Bündeln der Kräfte in der Chips-

und Laserindustrie, KI und Quantenforschung sowie Genomik oder Fusionsenergie zu entwickeln, um Lieferketten widerstandsfähiger zu machen. Andernfalls dürfte der technologische Vorsprung vor allem der EU gegenüber China weiter schmelzen.

Dies gilt auch für den Wettlauf der Ideen, wie er vor allem in den sozialen Netzwerken stattfindet; es muss Europa tangieren, dass fast die Hälfte der Kinder zwischen 4 und 18 Jahren heute Tiktok benutzen. Was unter dem Stichwort der „kognitiven Konfrontation" firmiert, erfordert ein koordiniertes Vorgehen gegenüber mehr oder weniger natürlichen Partnern wie Japan, Südkorea, Indien oder Australien, aber eben auch gegenüber Entwicklungsländern, um ihnen ein alternatives Modell der technologischen Befähigung jenseits des digitalen Autoritarismus anbieten zu können.

Für Europa und Deutschland bedeutet dies, dass sie sich zunehmend am Strategiewechsel der USA gegenüber China orientieren (müssen). In vielen Mitgliedstaaten Europas, und vor allem in der EU-Kommission, wird China zwar mittlerweile als geostrategische Herausforderung wahrgenommen. Von einem offenen sicherheitspolitischen Problem aber sprechen die wenigsten. Anders als in Frankreich tut man sich in Deutschland nach wie vor schwer mit dieser Einschätzung und blockiert damit eine gemeinsame europäische Chinapolitik. Noch immer wehren sich die großen deutschen Konzerne gegen strengere EU-Maßnahmen gegen die chinesische Überproduktion und diktieren damit die Chinapolitik in Berlin. Dabei ist es allein mit einer restriktiveren staatlichen Garantievergabe für Investitionen längst nicht mehr getan. Zur Verteidigung gleicher Wettbewerbsregeln auf den globalen Märkten und der eigenen Wettbewerbsfähigkeit ist eine stärkere europäische Industriepolitik, etwa in der Halbleiter- oder Batteriefertigung ebenso notwendig wie eine robuste Abwehr von Zwangsmaßnahmen durch Drittstaaten. Die EU hat diesen Weg seit 2019 konsequent beschritten und eine Reihe von oben beschriebenen handelspolitischen Instrumenten eingeführt. Mit den zuletzt von der EU-Kommission vorgeschlagenen „Maßnahmen zur Stärkung der ökonomischen Sicherheit" schreitet Europa auf dem Weg zu einer „geoökonomischeren" Union voran. Exportkontrollen, wissenschaftliche Zusammenarbeit und verstärkte Investitionskontrolle einschließlich von „ausgehenden Investitionen" entfalten ihre volle Wirkung aber solange nicht, wie die „nationale Sicherheit" weiterhin in den Händen der Mitgliedstaaten verbleibt.

Auch in Deutschland ist eine so verstandene Industriepolitik mittlerweile populärer, doch auch wenn Berlin den Bau von Halbleitern und Batterien mit Milliarden unterstützt, wurden die damit verbundenen Erwartungen in den vergangenen drei Jahren nicht erfüllt. Entsprechende Vorhaben wurden sowohl durch Inflation, mangelnde Planungssicherheit hinsichtlich der Stromkosten oder aufwendige und langwierige Genehmigungsverfahren gebremst. Unabhängig davon muss man sich an den Gedanken gewöhnen, dass *de-risking* mit Kosten verbunden ist, das heißt, Handelsgewinne im Interesse größerer Sicherheit geopfert werden müssen. Der Aufbau von Produktion in Sektoren, in denen die Abhängigkeit in der Vergangenheit zu groß geworden ist, erfordert vorübergehende Importzölle und Subventionen und garantiert längst keine Handelsgewinne, solange damit lediglich eine technologische Nivellierung im Vergleich zu Wettbewerbern auf den globalen Märkten gelingt. Wie oben erörtert, ist es sinnvoller, geoökonomische Instrumente in den Sektoren einzusetzen, wo Europa und Deutschland ihrerseits komparative Vorteile besitzen. Dafür können Staatshilfen im Einzelfall durchaus sinnvoll sein, vielversprechender aber ist die Stärkung der Standortbedingungen in diesen Bereichen.

## 5 Vom Ende der westlichen Selbstgefälligkeit

Die jüngsten Avancen Chinas Richtung Europa zeigen nicht nur Pekings Angst vor einer europäisch-amerikanischen Blockbildung gegenüber China, sondern auch die wechselseitigen ökonomischen Abhängigkeiten zwischen Europa und China. Schon deswegen liegt der Schlüssel für Deutschlands künftige Wohlfahrt in einer Doppelstrategie: Erstens, Abschreckung sowie Retorsion sind wie im Fall von Russland die einzig wirksame Antwort in einer Zeit, da China und andere Autokratien zunehmend auf Abschottung und Desintegration des Westens zielen, und solange solche wechselseitigen Abhängigkeiten von Gütern und Technologien bestehen; dies trifft vor allem zu, wenn Europa als Einheit auftritt. Zweitens, auch wirtschaftliche Sicherheit erzielen Deutschland wie Europa nur durch Abbau von allzu einseitigen Abhängigkeiten, auch wenn der Preis dafür zunächst Verzicht auf das Positiv-Nullsummenspiel globaler Arbeitsteilung und damit mehr Wohlstand ist. Nur so lässt sich Druck gegenüber solchen Ländern erzielen, die spätestens seit der globalen Finanz- und Wirtschaftskrise auf den Einsatz geoökonomischer Instrumente zu politischen Zwecken setzen. Unabhängig davon, dass Chinas Überkapazitäten längst ein globales Problem darstellen, gegen das sich nicht nur die USA, sondern auch Schwellenländer wie Mexiko, Brasilien oder die Türkei mittlerweile wehren, empfiehlt es sich für Europa und Deutschland, von den geoökonomischen Praktiken Chinas und der USA zu lernen und sie reziprok anzuwenden. Das, was Europa bislang beispielsweise über Zölle oder Subventionen vor allem im Bereich Klima tut, reicht jedenfalls nicht aus im Vergleich zu dem, was die beiden Supermächte an Vorschriften erlassen, um die eigenen Unternehmen im Interesse der nationalen Sicherheit zu schützen. Dabei gilt mit Blick auf China, dass es mittlerweile allein so viel wie die EU und USA zusammen produziert. Es kann daher für Europa und

Deutschland vorerst nur eine koordinierte Antwort mit den USA geben. Gleichzeitig aber gilt es, sich nicht darauf zu verlassen, dass die sicherheitspolitischen und geoökonomischen Bedrohungen irgendwann von selbst verschwinden oder Amerika Europa auch weiterhin schützen wird. Nur dann haben die notwendige sicherheitspolitische wie geoökonomische Zeitenwende Erfolg.

# Literatur

Alcidi, Cinzia, Tamas Kiss-Galfalvi: Economic Integration during an Age of Geopolitical Instability, CEPS Explainer, Brussels (September 2023)

Bradford, Anu: The Brussels Effect. How The European Union rules the World, Oxford University Press 2020

Braml, Josef: Die transatlantische Illusion. Die neue Weltordnung und wie wir uns darin behaupten könne, Beck: München 2022

Brunnenmeier, Markus: Die resiliente Gesellschaft. Wie wir künftige Krisen besser meistern können, aufbau-Verlag 2021

Charan, Ram, Rita McGrath: The radical reshaping of Global Trade, in: Harvard Business Review (November 1, 2023)

Diesen, Glenn: Europe as the Western Peninsula of Greater Eurasia, in: Journal of Eurasian Studies, Vol. 12 (1), 2021, S. 19–27

Einfuhr und Ausfuhr der EU. https://de.statista.com (2022)

Engelkes, Simon, Ludwig Schulz: Raus aus Sibirien, rein in die Wüste. Nordafrika und der Nahe Osten als Bausteine in Europas Energie-Zeitenwende, KAS-Auslandsinformationen (Juni 2022). www.kas.de

European Commission: European Industrial Strategy (Brussels, May 5, 2021); European Commission, Critical Raw Materialsfor Strategic Technologies and Sectors in the EU – A Foresight Study (2020)

Evenett, Simon, Johannes Fritz: Brazen Unilateralism: The US-China Tariff War in Perspective. The 23rd GTA Report. London 2018. https://www.alexandria.unisg.ch/handle/20.500.14171/99896

Federal Register, Vol. 85, No. 246 (22. December 2020), Rules and Regulations, S. 83416–32. https://www.govinfo.gov/content/pkg.

Flach, Lisandra, Feodora Teti: Die Zukunft der EU-China-Handelspolitik: Herausforderungen angehen und eigenen Handelsinteressen selbstbewußt vertreten, Wirtschaftsdient, 2021, Heft 11. www.wirtschaftsdienst.eu

Flach, Lisandra, J. Gröschl, M. Steininger, F. Teti und A. Baur: Internationale Wertschöpfungsketten – Reformbedarf und Möglichkeiten, Ifo-Studie für die Konrad-Adenauer-Stiftung e. V. 2021

Freedom House: Freedom in the World 2023. Marking 50 years in the Struggle for Democracy (March 2023)

Fröhlich, Stefan: Comeback der Diplomatie, aber nicht der US-Dominanz, in: Politikum (Heft 2, 2021)

Garciá-Herrero, Alicia, Heather Grabbe, Axel Kaellenius: De-risking and de-carbonizing: a green tech partnership to reduce reliance on China, Bruegel Policy Brief 19/23 (October 2023)

Garcia-Herrero, Alicia: Chinese Economic Statecraft: What to expect in the next five years?, in: Johann Strobl, Heiko Borchert (eds.), Storms Ahead. The Future Geoeconomic World Order, Wien 2022.

Gehrke, Tobias: EU open Strategic Autonomy and the Trappings of Geoeconomics, in: European Foreign Affairs Review 27, Special Issue (2022), S. 61–78

Gehrke, Tobias, Julian Ringhof: Instrument of Control: How the EU can protect itself in the global technology competition, European Council on Foreign Relations (June 21, 2023)

Geinitz, Christian: Chinas Griff nach dem Westen. Wie sich Peking in unsere Wirtschaft einkauft, München 2022, S. 13 ff.

Hamilton, Clive, Mareike Ohlberg: Die lautlose Eroberung. Wie China westliche Demokratien unterwandert und die Welt neu ordnet, Pantheon: München 2022

Hamilton, Dan: Advancing Supply Chain Resilience and Competitiveness: Recommendation for US-EU action, Policy Brief, Washington 2023 https://www.transatlantic.org/wp-content/uploads/2022/03/TTC-Supply-Chains.pdf

Hamilton, Daniel, Joseph Quinlan: The Transatlantic Economy 2024, Transatlantic Leadership Network: Johns Hopkins University, Washington 2024.

Hesse, Jan-Otmar: Exportweltmeister – Geschichte einer deutschen Obsession, Suhrkamp 2023.

Huang, Yukon: The US-Chinese Trade War has become a Cold War, Carnegie Endowment for International Peace (September 16, 2021)

Huotari, Mikko: Leitlinien für die deutsche China-Politik, in: Internationale Politik (Mai-Juni 2022), S. 74–79

Hüther, Michael, Jürgen Matthes: Is the U.S. Inflation Reduction Act Hurting the German Economy? An objection to exaggerated claims, Atlantik-Brücke (18. Januar 2023).

IMF (2022), World Economic Outlook 2022, Washington, D.C., Table A2–A4

Institut für Weltwirtschaft (IfW), Was wäre wenn? Die Auswirkungen einer harten Abkopplung von China auf die deutsche Wirtschaft, Kiel (Dezember 2023)

Jäger, Marcus: Economic Equidistance is not an option, DGAP Policy Brief (20. Januar 2022)

Johnson, Luke: What Europe thinks .....About trade, Internationale Politik Quarterly, Berlin (January 2023). https://ip-quarterly.com/en

Kamin, Katrin, Rolf Langhammer: Die geoökonomische Leerstalle füllen, in: FAZ 29. Oktober 2021

Kappel, Robert: Die drohende Bifurkation der Weltordnung: der Abstieg des Westens geht weiter, Leipzig-Institut für Sozialwissenschaften (2022).

Khanna, Parag: Der Kampf um die Zweite Welt. Imperien und Einfluss in der neuen Weltordnung. Berlin Verlag, Berlin 2008.

Kleine-Brockhoff, Thomas: Tauglicher Universalismus, in: Internationale Politik (September/Oktober 2023), S. 106–109.

Kleinmann, David, Niclas Poitiers, André Sapir, Simone Tagliapietra et al.: How Europe should answer the US Inflation Reduction Act, Policy Contribution, Bruegel Institute, No. 04 (February 2023).

Klingebiel, Stephan: Engagement mit Partnern im Globalen Süden in Zeiten von Unsicherheiten, German Institute of Development and Sustainability (IDOS), Policy Brief (2/2022)

Kroeber, Arthur: China's economy, Oxford 2020, S. 30 ff.

Kullik, Jakob: Gekommen, um zu bleiben – Deutschlands Engagement im Indo-Pazifik: Strategische Rohstoffpartnerschaften aufbauen, Konrad-Adenauer-Stiftung, Analysen & Argumente (Nr. 464/Dezember 2021)

Kundnani, Hans: Germany's liberal geo-economics: using markets for strategic objectives, in: Wigell, Scholvin, Aaltola, Geo-Economics and Power Politics in the 21st. Century, London: Routledge 2020, S. 61–74

Maihold, Günther: Die neue Geopolitik der Lieferketten. Friend-Shoring als Zielvorgabe für den Umbau von Lieferketten, SWP-Aktuell A 45 (21. Juli 2022)

Matthes, Jürgen: Gegenseitige Abhängigkeit im Handel zwischen China, der EU und Deutschland, Institut der Deutschen Wirtschaft, Köln /IW-Report 35/2022

McKinsey Global Institute: Global flows: The ties that bind in an interconnected world, Discussion Paper (November 15, 2022)

Meyers, Zach: In Tech, the death of the Brussels Effect is greatly exaggerated, Center for European Reforms, Brussels (December 8, 2023)

Mölling, Christian: Rüstungsdschungel Deutschland. DGAP Externe Publikation, Berlin (17. Januar 2023)

Mold, Andrew: Why South-South trade is already greater than North-North trade, Brookings Commentary (December 11, 2023), Washington

Neumann, Peter: Die neue Weltunordnung. Wie sich der Westen selbst zerstört, Berlin 2022

Oermann, Nils Ole, Hans-Jürgen Wolff: Wirtschaftskriege. Geschichte und Gegenwart, Freiburg/Basel/Wien: Herder 2023, S. 147

Orszag, Peter: Do not underestimate the "mega Brussels effect" of EU-US coordination, Financial Times (October 16, 2023)

Pisani-Ferry, Jean: The Geopolitical Conquest of Economics, Project Syndicate 2021. www.theglobaleye.it

Plagemann, Johannes, Henrik Maihack: Wir sind nicht alle. Der Globale Süden und die Ignoranz des Westens, München: Beck-Verlag 2023, S. 192.

Posen, Adam: The weakest link in Biden's Foreign Policy, in: Foreign Policy (March 31, 2023)

Posen, Adam: The End of China's Economic Miracle. How Beijing's struggles could be an opportunity for Washington, in: Foreign Affairs (August 2, 2023)

Risse, Thomas: Zeitenwende?, in: Internationale Politik (24.03.2022). https://internationalepolitik.de/de/zeitenwende-2

Roubini, Nouriel: Megathreats: The ten Trends that imperil our future, and how to survive them, Little Brown 2022

Rudd, Kevin: Avoidable War, New York: Public Affairs 2022, S. 34 ff.

Scharre, Paul: Decoupling Wastes US Leverage on China, in: Foreign Policy (January 13, 2023)

Siripurapu, Anshuh, Noah Berman: The Contentious US-Chinese Trade Relationship, Council on Foreign Relations: Backgrounder (September 26, 2023)

Springford, John, Sander Tordoir: Europe can withstand American and Chinese subsidies for green tech, Centre for European Reform, Brussels (June 2023)

Streeck, Wolfgang: The EU after Ukraine, in: American Affairs (May 20, 2022)

von Fritsch, Rüdiger: Zeitenwende. Putins Krieg und die Folgen, Berlin 2022, S. 59

Zakaria, Fareed: Opinion: Putin's invasion of Ukraine marks the beginning of a post-American era, Washington Post, March 10 (2022)

Zenglein, Max: Mapping and recalibrating Europe's economic interdependence with Mercator Institute for China Studies (MERICS), 18. November 2020

GPSR Compliance
The European Union's (EU) General Product Safety Regulation (GPSR) is a set of rules that requires consumer products to be safe and our obligations to ensure this.

If you have any concerns about our products, you can contact us on

ProductSafety@springernature.com

In case Publisher is established outside the EU, the EU authorized representative is:

Springer Nature Customer Service Center GmbH
Europaplatz 3
69115 Heidelberg, Germany

www.ingramcontent.com/pod-product-compliance
Lightning Source LLC
LaVergne TN
LVHW011004250326
834688LV00004B/66